AF879193

Geldanlage P2P-Kredite

Grundlagen – Risiken – Investitionsstrategien

Denny Neidhardt

Zweite Auflage | September 2021
Copyright © 2021 by Denny Neidhardt
Covergestaltung: popdesign
Lektorat: Marc Fritz

ISBN: 978-3-00-062839-9
Dieser Titel ist auch als Hörbuch erhältlich.

Das Werk, einschließlich seiner Teile, ist urheberrechtlich geschützt.
Jede Verwertung ist ohne Zustimmung des Autors unzulässig.
Dies gilt insbesondere für die elektronische oder sonstige Vervielfältigung,
Übersetzung, Verbreitung und öffentliche Zugänglichmachung.

Bibliografische Informationen der Deutschen Nationalbibliothek:
Die Deutsche Nationalbibliothek verzeichnet diese Publikation in der
deutschen Nationalbibliografie; detaillierte bibliografische Daten sind im
Internet unter http://dnb.d-nb.de abrufbar.

Für Fragen und Anregungen:
denny@rethink-p2p.de

„Lieber eine Stunde über Geld nachdenken,
als eine Stunde für Geld arbeiten."

John Davison Rockefeller

Inhaltsverzeichnis

Einleitung

Es ist der 23. Oktober 2018. An diesem Tag befinde ich mich nicht nur in der estnischen Hauptstadt Tallinn, ich besitze auch die Möglichkeit, mich persönlich mit Pärtel Tomberg zu unterhalten, dem Gründer und CEO einer der ältesten und etabliertesten P2P Plattformen in Europa – Bondora.

Wir besprechen an diesem Nachmittag viele Themen. Unter anderem geht es um seinen Werdegang, die Anfangszeit von Bondora sowie die aktuelle Geschäftsentwicklung. Es ist ein Mix aus Geschäftsthemen mit ebenso vielen privaten Einblicken. Unter anderem erfahre ich, dass er zweifacher Familienvater ist, dass man von seinem Büro aus auf die Straße blicken kann, in der Pärtel als Kind aufgewachsen ist oder dass der weibliche Bondora-Charakter von seinem Bruder entworfen wurde, welcher Trickfilmzeichner ist.

Zu diesem Zeitpunkt, im Oktober 2018, habe ich bereits ein Jahr lang Erfahrungen beim Investieren in P2P-Kredite gesammelt. Jetzt ist es jedoch das erste Mal so weit gewesen, dass ich einige verantwortliche Personen aus der P2P-Branche persönlich kennenlernen konnte.

Dieses Erlebnis hat mir gleich in vielfacher Hinsicht weitergeholfen.

Zum einen erhielt ich dadurch weiteren und wichtigen Input für dieses Buch, welches in der Erstauflage im Mai 2019 veröffentlicht worden ist. Zugleich hat mir dieser Besuch auch insofern die Augen geöffnet, als dass mein Interesse – an dieser speziellen Form der Geldanlage – weit über meine persönlichen P2P-Investments oder mein Buchprojekt hinausging.

Um meine stetig neu hinzugewonnenen Erkenntnisse zu verarbeiten und meine Analysen mit der Öffentlichkeit zu teilen, entschied ich mich wenige Wochen nach dem Tallinn-Aufenthalt dazu, sowohl einen Blog als auch einen YouTube-Kanal zum Thema P2P-Kredite aufzubauen.

Heute gehören beide Kanäle zu den wichtigsten und am häufigsten konsumierten Informationsquellen deutscher Privatanleger, die sich mit dem Thema P2P-Kredite beschäftigen wollen.

Vieles von dem, was ich heute mache und was man auch online zu meiner Person findet, ist auf diese damalige Reise zurückzuführen.

Was Dich in diesem Buch erwartet

Meiner Auffassung nach werden sich P2P-Kredite langfristig betrachtet als ein fester Bestandteil der privaten Geldanlage etablieren. Neben den zu beachtenden Risikofaktoren, um die es sehr ausführlich und differenziert in diesem Buch gehen soll, besitzen P2P-Kredite aber auch viele Vorteile gegenüber klassischen Investitionsmöglichkeiten.

Mein Ziel mit diesem Buch besteht darin, Privatanleger für die wichtigsten Themen im Zusammenhang mit P2P-Krediten zu sensibilisieren und ein möglichst objektives Bild – mit einer realistischen Erwartungshaltung zu Chancen und Risiken – zu vermitteln.

Dafür gliedert sich dieses Buch in drei Teile mit jeweils mehreren Unterkapiteln.

Im ersten Abschnitt geht es um den Wissensaufbau und ein allgemeines Verständnis zum Thema P2P-Kredite. Mit anderen Worten: Es geht um die Grundlagen. Der zweite Abschnitt widmet sich ausschließlich den vielfältigen Risiko-Facetten, die bei P2P-Krediten auftreten (können) und die es für Privatanleger zu beachten gilt. Der dritte und letzte Abschnitt befasst sich mit den Investitionsstrategien und wie man den für sich besten Weg findet, um sein Geld in dieser Anlageklasse anzulegen.

Wer bin ich und warum ich über P2P-Kredite schreibe

Ich heiße Denny, bin 31 Jahre jung und komme aus Berlin. Insgesamt fällt mein Werdegang nicht wirklich aus dem Rahmen: Nach dem Abitur bin ich an die Universität gegangen, habe dort meinen Bachelorabschluss erledigt (Angewandte Medienwissenschaften an der TU Ilmenau), bin im Ausland unterwegs gewesen (beruflich, kein Urlaub), habe knapp fünf Jahre im Angestelltenverhältnis gearbeitet (vorwiegend im Geschäftskundenvertrieb) und bin jetzt seit Oktober 2018 als selbstständiger Online-Unternehmer aktiv.

Auf das Thema P2P-Kredite bin ich im September 2017 gestoßen, nachdem ich mir einen Online-Kongress zum Thema „Passiv Investieren, Aktiv Leben“ angesehen hatte. Meine Begeisterung für dieses von außen betrachtet sehr einfach zu durchdringende Thema führte dann dazu, dass ich bereits einen Monat später meine ersten Praxis-Erfahrungen dazu gesammelt habe.

Warum ich über P2P Kredite schreibe, ist größtenteils auf einige Erfahrungswerte im Jahr 2018 zurückzuführen. Obwohl ich mich schon seit 2015 mit dem Thema „Investieren und Geld anlegen“ beschäftigt hatte, ist mir erst ein paar Jahre später wirklich deutlich geworden, warum und wie wichtig das Thema Vermögensaufbau eigentlich ist.

Dieses Buch und auch meine gesamte Berichterstattung zum Thema „Geldanlage P2P-Kredite“ ist im Wesentlichen auf zwei Gründe zurückzuführen.

Erstens: Für mich ist finanzielle Bildung der Schlüssel zu einem unabhängigeren und selbstbestimmteren Leben. Da ich persönlich von einer Vielzahl von Erfahrungen anderer Privatanleger profitieren konnte, die viele Wege schon vor mir gegangen sind, wollte ich mit diesem Buch etwas zurückgeben und damit anderen Menschen helfen, die sich mit dem Aufbau von Vermögen und Wohlstand beschäftigen.

Zweitens: P2P-Kredite sind als eine Form der Geldanlage noch vergleichsweise unbekannt gewesen, was sich auch an der überschaubaren Berichterstattung gespiegelt hat. Viele Fragen, die ich mir persönlich gestellt hatte, wurden entweder gar nicht oder für mich persönlich nur sehr ungenügend beantwortet. Daher habe ich mich dazu entschlossen, die Inhalte zu veröffentlichen, die ich selbst gerne vorgefunden hätte.

Insofern ist „Geldanlage P2P-Kredite“ ein Buch, in dem ich versuchen möchte, Dich gleichermaßen objektiv wie auch differenziert zu informieren, sodass Du hoffentlich einiges lernen und für Dich mitnehmen kannst.

In diesem Sinne, viel Spaß beim Lesen!

Was sind P2P-Kredite?

Die Abkürzung „P2P" ist eine Ableitung aus dem Englischen „Peer-to-Peer" und bedeutet so viel wie „von Person zu Person". Bei P2P-Krediten handelt es sich daher um Darlehen, die direkt zwischen Privatpersonen (über das Internet) vergeben werden.

Charakteristisch für diese Art des Geldverleihs ist die vollständige beziehungsweise weitgehende Umgehung traditioneller Kreditinstitute. Stattdessen wird die Kreditsumme von einer größeren Menge von Privatanlegern in Form einer Schwarmfinanzierung zur Verfügung gestellt. Die Vermittlung von Privatanlegern und Kreditnehmern findet auf eigens entwickelten Online-Marktplätzen statt – den sogenannten P2P-Plattformen.

Als Gegenleistung für die Bereitstellung von Eigenkapital werden den Investoren Zins- und Tilgungszahlungen in Aussicht gestellt. Da die Kredite online vermittelt werden, sind das Aufkommen und die Verbreitung von P2P-Krediten erst durch die technische Entwicklung des Internets ermöglicht worden.

Im Finanzkontext wird dieser Investmentbereich unter der Oberkategorie „Crowdfinance" eingeordnet. Darunter versteht man alle Aktivitäten und Angebote, die im Zusammenhang mit einer Finanzierung und einem Engagement vieler Personen stehen.

Crowdfinance lässt sich wiederum grob in drei Kategorien unterteilen: Crowdfunding, Crowdinvesting und Crowdlending. Klassische P2P-Privatkredite werden dabei dem letztgenannten Bereich zugeordnet.

2005: Die Geburtsstunde von P2P-Krediten

P2P-Kredite sind eine vergleichsweise neue und alternative Form der Geldanlage, was sich nicht zuletzt auch an der überschaubaren Historie ableiten lässt.

Die weltweit allererste P2P-Plattform, das britische Unternehmen Zopa, ging am 1. März 2005 online.

Die Vision der fünf Gründer, die zu einem Team der englischen Internetbank egg aus Buckinghamshire gehörten, war es, eine technische Lösung zu entwickeln, die als Bindeglied in der Kreditvermittlung zwischen Kreditnehmer und Kreditgeber eingesetzt werden konnte.

Das Unternehmen, welches sich im Juni 2020 sogar zu einer Bank transformierte, hat mittlerweile mehr als 6 Mrd. Pfund an Krediten finanziert[1] und gehört auch heute noch zu den größten P2P-Plattformen im Vereinigten Königreich.

Auch die US-Amerikaner besitzen eine lange und gewachsene Historie bei der Vermittlung von Krediten zwischen Privatpersonen. Die erste P2P-Plattform ist dabei Prosper Marketplace im Jahr 2006 gewesen. Beim US-Anbieter sind bis Mai 2021 mehr als 770.000 Kreditnehmer mit einem Volumen von mehr als 12 Mrd. US-Dollar finanziert worden.[2]

Die weltweit für sehr lange Zeit größte P2P-Plattform, das Unternehmen Lending Club, wurde ebenfalls 2006 in den USA gegründet. Lending Club galt insbesondere auch deswegen als Aushängeschild, weil es als erstes und bisher einziges Unternehmen aus dem P2P-Sektor an die Börse gegangen ist. Am 10. Dezember 2014 gab das Unternehmen 58 Millionen Aktien zu einem Preis von 15 US-Dollar aus.

Dank eines Kursanstiegs der Aktie von 56 Prozent am ersten Tag konnte Lending Club 900 Mio. US-Dollar einsammeln und wurde dadurch mit 8,5 Mrd. US-Dollar bewertet.[3] Damit ist Lending Club im Jahr 2014 der größte Börsengang eines Technologie-Unternehmens in den USA gelungen.

Im Jahr 2020 kündigte das Unternehmen jedoch an, nachdem man die Radius Bank übernommen hatte, dass man die Aktivitäten seiner Peer-to-Peer-Kreditplattform stilllegen werde.[4]

Auch in Deutschland ist das Thema verhältnismäßig früh aufgekommen mit ersten Gehversuchen im Jahr 2007. Einer der Pioniere aus dieser Zeit, das Unternehmen Auxmoney, ist auch heute noch aktiv am Markt und gehört zu den größten alternativen Kreditvermittlern in Kontinentaleuropa. Mehr zu dem Unternehmen und der allgemeinen Entwicklung von P2P-Krediten in Deutschland gibt es im weiteren Verlauf des Buches.

2021: Gekommen, um zu bleiben

In den vergangenen Jahren hat sich das durch P2P-Plattformen finanzierte Kreditvolumen stetig gesteigert. Für das Jahr 2021 geht man davon aus, dass das weltweite Transaktionsvolumen bei ungefähr 82,08 Mrd. Euro liegen wird.[5] Die größten Märkte bilden dabei China, die USA und Großbritannien.

Gemäß dem „Alternative Lending State of the Market Report 2020"[6] sind in Europa über 6,6 Mrd. Euro an Krediten via P2P-Plattformen und P2P-Marktplätzen im Jahr 2019 finanziert worden. Das entspricht einem Anstieg von über 80 Prozent zum Vorjahr 2018 (3,6 Mrd. Euro).

Auf der einen Seite sind das beeindruckende Zahlen, auf der anderen Seite sind diese aber auch – im Verhältnis zum gesamten Kreditmarkt – immer noch verschwindend gering. Auf der Seite der Bundesbank[7], wo man einen Zugriff auf umfangreiche Statistiken zum deutschen Kreditgeschäft erhält, zeigt sich, dass das Neugeschäftsvolumina deutscher Banken im Jahr 2019 bei Konsumentenkrediten an private Haushalte insgesamt 110 Mrd. Euro betrug. Allein der Kreditmarkt in Deutschland ist somit im Verhältnis zum gesamten europäischen P2P-Sektor um das 16-fache größer.

Daher wäre eine Verortung von P2P-Krediten als Teil des Mainstreams[8] – zumindest im Hinblick auf das vermittelte Kreditvolumen – aktuell noch sehr weit hergeholt. Jedoch sollte die Reichweite und die Präsenz dieser alternativen Form der Geldanlage nicht unterschätzt werden. Schließlich werden P2P-Kredite mittlerweile nicht nur in den klassischen Mainstream-Medien abgebildet, auch das Privatfernsehen veröffentlicht mittlerweile Beiträge dazu.[9]

Davon abgesehen befindet sich der europäische P2P-Sektor, besonders in den unregulierteren Märkten, nach dem Ausbruch der Covid-19-Pandemie in einer starken Phase der Konsolidierung. Der Lockdown in vielen Ländern und die dadurch hervorgerufene wirtschaftliche Schockstarre hat die Stärken und Schwächen vieler Plattformen schonungslos offengelegt. Auch dazu wird es im späteren Verlauf des Buches noch weitere Einblicke geben.

Dass sich P2P Kredite mittelfristig als fester Bestandteil der Geldanlage etablieren werden, davon ist – Stand heute – auf jeden Fall auszugehen. Fraglich bleibt hingegen, wie sich die Spätfolgen der Pandemie auf die Geschäftsentwicklung der P2P-Plattformen auswirken werden. Davon abhängig wird sich das Wachstum und die Entwicklung dieser Branche in den kommenden Jahren gestalten.

Wie funktionieren P2P-Kredite?

Bevor Du anfängst, in P2P-Kredite zu investieren, fragst Du Dich vielleicht, wie P2P-Kredite eigentlich funktionieren und wie die einzelnen Parteien miteinander zusammenhängen. Je nach Geschäftsmodell der P2P-Plattform handelt es sich dabei entweder um drei oder vier Schnittstellen, die bei der Kreditvermittlung involviert sind.

1. Der Kreditnehmer

Alles beginnt mit dem Wunsch eines Kreditnehmers nach einem Darlehen. Um dieses zu erhalten, bieten sich zwei Möglichkeiten.

Entweder versucht er den Kredit über den klassischen Weg bei einer Bank zu erhalten oder er versucht es bei einem Nichtbanken-Kreditgeber der in manchen Fällen auch direkt eine P2P-Plattform sein kann.

Warum klassische Banken manchmal nur die zweite Wahl sind

Das Kreditgeschäft wird nach wie vor von den großen und klassische Bankeninstituten dominiert. Dennoch gibt es eine kleine und gleichzeitig immer größer werdende Nische von Nichtbanken-Kreditgebern die den Kapitalbedarf mancher Kreditnehmer abdecken.

Was spricht aber überhaupt gegen eine Kreditaufnahme bei einer Bank?

1. **Der Kreditnehmer erhält keinen Kredit von der Bank:** Das ist die einfachste und logischste Schlussfolgerung. Denn einen Kredit bei einer Bank zu beantragen, heißt im Umkehrschluss nicht, dass das Darlehen auch bewilligt wird. Eine Erklärung dafür könnte zum Beispiel eine zu schlechte Bonität des Kreditnehmers sein.

   Ein weiterer Grund wäre das geringe Kosten-Nutzen-Verhältnis. Dieses Argument gilt insbesondere für das Segment der Payday Loans, also den kurzfristigen Konsumkrediten, die auch einen Großteil der P2P-Kredite ausmachen. Der Hintergrund ist, dass der Kreditbetrag bei den Payday Loans in der Regel nur wenige hundert Euro beträgt.

Allein dafür eine Bonitätsprüfung durchzuführen, rechnet sich in der Regel für die meisten Banken nicht. Die komplett automatisierten Online-Prozesse der „Nichtbanken-Kreditgeber" können hier deutlich effizienter arbeiten.

2. **Schlechte Konditionen:** Dieses Argument ist eine Konsequenz aus dem ersten Punkt. Da Banken von Haus aus einen größeren Kostenapparat besitzen, müssen in der Regel höhere Zinsen veranschlagt werden, damit sich das Risiko rechnet. Genau dieser Umstand steht allerdings dem Interesse des Kreditnehmers nach möglichst geringen Zinsen entgegen.

   Das belegen auch Zahlen der US-amerikanischen Plattform Lending Club. Im Mai 2016 wurde angegeben[10], dass 68,5 Prozent der finanzierten Kredite für eine Refinanzierung bestehender Schulden eingesetzt worden sind.

3. **Der Prozess dauert zu lange:** Auch die schnelle Verfügbarkeit des Kredits spielt eine große Rolle für Kreditnehmer, worauf ich gleich nochmal mehr im Detail eingehen werde. Auch hier können Banken, bedingt durch strukturelle Defizite, nur selten eine zeitnahe Entscheidung bei einem Kreditantrag treffen.

Wer nimmt P2P-Kredite in Anspruch?

Neben den genannten Gründen, warum Kreditnehmer nicht immer unbedingt auf klassische Banken bei der Kreditvergabe zurückgreifen, bleibt natürlich die Frage, wer genau die Kreditnehmer sind, die P2P-Kredite in Anspruch nehmen?

Sind es tatsächlich die so häufig skizzierten bonitätsschwachen Personen, denen man eigentlich kein Geld anvertrauen sollte? Was charakterisiert die Kreditnehmer von P2P-Krediten und aus welchen Gründen nehmen sie Darlehen über „Nichtbanken-Kreditgeber" oder P2P-Plattformen in Anspruch?

Ende 2020 habe ich mehrere P2P-Plattformen aus dem Baltikum kontaktiert und gebeten, mir Einblicke und Informationen zu den Kreditnehmern zu übermitteln. Die einzelnen Ergebnisse kannst Du Dir gerne auf meinem Blog ansehen.[11]

Übergeordnet sind mir dabei insbesondere drei Zusammenhänge aufgefallen:

1. **Geschwindigkeit als X-Faktor:** Ausnahmslos alle P2P-Plattformen haben angegeben, dass neben dem Service und der Einfachheit insbesondere die Geschwindigkeit der Kreditvergabe als ein Grund angesehen wird, warum sich Kreditnehmer für alternative Nichtbanken-Kreditgeber entscheiden. Bei Unternehmen mit Fokus auf Konsumkrediten lag die Spanne von Kreditantrag bis zur Kreditentscheidung zwischen 60 Sekunden bis hin zu 30 Minuten. Bessere Konditionen, sprich eine günstigere Umschuldung, wurde hingegen nur sehr selten genannt.

2. **Je kleiner der Kredit, desto jünger der Kreditnehmer:** Das Alter der Kreditnehmer lag, je nach Unternehmen, im Durchschnitt zwischen 31 bis 43 Jahren. Das verdeutlicht erneut, dass alternative Finanzierungsmöglichkeiten meistens digital angeboten werden und daher auch eher ein jüngeres und Internet-affineres Publikum anziehen.

   Ebenfalls auffällig war, dass Kredite mit kürzeren Laufzeiten häufiger von jüngeren Kreditnehmern in Anspruch genommen wurden, größere Kreditbeträge hingegen von älteren Personen.

3. **Langfristige Kundenbeziehungen mit Kreditnehmern:** Wenn man den Aussagen der P2P-Plattformen Glauben schenken darf, dann sind die Kundenbeziehungen zu den Kreditnehmern definitiv nicht auf „One-Night-Stands" ausgerichtet. Die Wiederholungsquoten bei den Kreditnehmern liegen demnach zwischen 49 und 61 Prozent.

   Sofern diese Zahlen stimmen, wäre das ein klares Zeichen dafür, dass ein auf Abzocke getrimmtes Geschäftsmodell, bei dem man schnelles Geld mit der Not der Kreditnehmer verdienen will, definitiv anders aussieht.

Ansonsten würden weder die Kreditnehmer ein erneutes Engagement eingehen, noch würden die P2P-Plattform bei schlechten Vorerfahrungen einen erneuten Kreditantrag bewilligen.

2. Der Kreditgeber

Nachdem der Kreditantrag eingereicht worden ist, überprüft der Kreditgeber die Bonität des Antragstellers.

Im P2P-Sektor handelt es sich bei Kreditgebern häufig um Nichtbanken-Kreditgeber, also Finanzunternehmen, die ohne eine Banken-Lizenz operieren und die (in der Regel) auch deutlich weniger überwacht und von Aufsichtsbehörden reguliert werden.
Eine wichtige und zu beachtende Unterscheidung ist, dass es sich bei den Kreditgebern sowohl um die P2P-Plattform selbst als auch um ein eigenständiges Finanz-Unternehmen handeln kann.

Sofern die P2P-Plattform selbst als Kreditgeber auftritt und eigenständig die Kredite akquiriert, spricht man auch vom „klassischen P2P", bei dem die Akquise der Kreditnehmer direkt und unmittelbar stattfindet.

Dem gegenüber stehen P2P-Plattformen, die als reine Marktplätze agieren. Hierbei gibt es die Möglichkeit, mit einer Vielzahl von internationalen Kreditgebern zusammenzuarbeiten und deren Kredite auf dem Marktplatz anzubieten. Was beide Ansätze vereint, ist die Bonitätsbewertung der Kreditnehmer.

Wie im Kreditgeschäft üblich, hängen die Zinsen stark von der Kreditwürdigkeit als auch von der Kreditart ab. Grundsätzlich gilt: Je besser die Bonität des Kreditnehmers, desto geringer das Risiko und desto niedriger der Zinssatz.

Nichtbanken-Kreditgeber

Aus Sicht eines Nichtbanken-Kreditgebers gibt es zwei zentrale Aufgaben: die Bonitätsbewertung der Kreditnehmer und die Beschaffung von Kapital. Besonders dem zweiten Aspekt sollten Investoren eine gewisse Aufmerksamkeit schenken.

Nichtbanken-Kreditgeber, die ja keine klassischen Banken sind, agieren im Kern nach dem gleichen Prinzip. Für das Kreditgeschäft bedeutet das konkret, dass man versucht, durch den Einsatz von Fremdkapital die Eigenkapitalrendite zu steigern.

Somit kann das Kreditgeschäft deutlich schneller und auch stärker skaliert werden, als wenn man allein nur Eigenkapital einsetzt. Daher arbeiten manche Kreditgeber auch mit P2P-Marktplätzen zusammen, um dort einen Teil des Kreditportfolios zu finanzieren.

Ein plastisches Beispiel: Ein Kreditgeber bewilligt einen Kredit in Höhe von 1.000 Euro mit einem Zinssatz von 40 Prozent p.a.

Der Kreditgeber zahlt den Kredit aus und stellt diesen anschließend auf einem P2P-Marktplatz für einen Zinssatz von 10 Prozent p.a. zur Verfügung. Die Investoren können sich nun anteilig an diesem Kredit beteiligen.

Der Kreditgeber erhält dadurch sein vorfinanziertes Kapital zurück und hat zusätzlich noch eine Marge von 30 Prozent p.a. als Gewinn, mit dem die eigenen Kosten (Akquise) und die mögliche Haftung für Kreditausfälle (Rückkaufgarantie) übernommen werden können.

Um zu verhindern, dass der Kreditgeber aber nicht nur *faule Eier* an die Investoren weiterreicht, gibt es je nach P2P Plattform eine abweichende Risikobeteiligung am Kredit, die in der Regel zwischen fünf und 15 Prozent liegt. Im Investmentbereich wird diese Art der Risikobeteiligung auch als *Skin in the Game* bezeichnet. Dadurch soll sichergestellt werden, dass auch die Kreditgeber ein Interesse daran haben, dass der Kredit zurückgezahlt wird.

Aber Vorsicht: Es kann durchaus gefährlich werden, wenn der Hebel zu groß und die Finanzierungsstruktur zu unausgewogen ist. Denn sobald der Kapitalzufluss rückläufig wird und gleichzeitig auch die Performance des ausstehenden Kreditportfolios zurückgeht, können für solche Unternehmen durchaus größere Liquiditätsprobleme entstehen. Mehr dazu gibt es im zweiten Teil bei den Risiken zu lesen.

3. Die P2P-Plattform

Die klassischen P2P-Plattformen bilden das Bindeglied zwischen den Kreditnehmern und den Investoren. Da die Investoren in erster Linie das Kapital zur Verfügung stellen, damit die P2P-Plattform Kredite überhaupt finanzieren kann, sind die meisten Angebote und Dienstleistungen für Investoren kostenlos.

Die Monetarisierung erfolgt in erster Linie durch die Kreditnehmer, beziehungsweise durch die Kreditgeber bei den P2P-Marktplätzen.

Zusätzlich versuchen die internationalen P2P-Plattformen das Investieren für Privatanleger so einfach wie möglich zu gestalten, sei es durch eine einfache Benutzeroberfläche, unterschiedliche Interface-Sprachen, eine Risikobewertung der Kredite, Auto-Invest-Funktionen, Statistiken, Reporting oder durch den Kunden-Support.

4. Der Privatanleger

Als letztes Puzzleteil bleiben *wir* als Privatanleger übrig. Für uns geht es am Ende darum, dass wir mit dem richtigen Vorwissen zu den Grundlagen und den Risiken eine realistische Erwartungshaltung für unser P2P-Investment aufbauen. Anschließend ist es wichtig, mit der für uns richtigen Strategie vorzugehen und unsere Investitionsentscheidungen zu treffen.

Warum gibt es P2P-Kredite eigentlich?

P2P-Kredite haben in den letzten Jahren einen starken Zulauf von Privatanlegern erfahren. Das erkennt man zum einen an den steigenden Nutzerzahlen bei den einzelnen Unternehmen, zum anderen aber auch an dem global wachsenden Kreditvolumen (siehe Seite 16, Unterkapitel *2021: Gekommen, um zu bleiben*).

Aber woher kommt eigentlich diese immer größer werdende Popularität für P2P-Kredite? Welche Entwicklungen haben dazu beigetragen, dass es P2P-Kredite überhaupt gibt?

Nachfolgend gehe ich auf die drei aus meiner Sicht wichtigsten Faktoren in diesem Zusammenhang ein.

Digitalisierung, disruptive Technologien und Innovationen in der Finanzbranche

Das Aufkommen und die Entwicklung des Internets führten im letzten Jahrzehnt zu einer zunehmenden Digitalisierung ganzer Industrien und Geschäftsbereiche, von der auch das klassische Banken- und Finanzwesen betroffen gewesen ist.

Die digitale Transformation hat es ermöglicht, die Abläufe und Geschäftsmodelle in der Finanzbranche einfacher und effizienter zu gestalten. Von den dadurch entstehenden Effizienzsteigerungen und Kosteneinsparungen profitieren am Ende besonders die Verbraucher.

Der Prozess der Digitalisierung geht aber noch einen Schritt weiter: Im Kontext der digitalen und technologischen Innovationen spricht man, speziell in der Finanzbranche, häufig auch von FinTech (engl.: financial technology).

Was sich dahinter verbirgt, ist ein disruptiver Prozess, bei dem finanztechnologische Innovationen bestehende Produkte und Dienstleistungen vom Markt verdrängen. Dadurch verändert sich auf der gesamten Welt die Art und Weise, wie wir unser Geld anlegen, transferieren, leihen, schützen oder verwalten.

Wie stark FinTech-Unternehmen auf dem Vormarsch sind, zeigen auch die vielen dazu verfügbaren Studienergebnisse. Eine davon ist die jährlich durchgeführte Studie von McKinsey zum globalen Bankengeschäft.[12]

Geht es nach den Aussagen der Studie, dann glaubt jeder dritte US-Millennial (die sogenannte Generation Y, die um die Jahrtausendwende geboren wurde), dass man in Zukunft keine Banken mehr benötigen wird. Zudem wünschen sich 71 Prozent dieser Zielgruppe, dass neue Finanzprodukte von etablierten Unternehmen wie Google, Amazon oder PayPal anstatt von klassischen Bankinstituten erstellt werden.

Dazu passt auch ein Zitat von Mintos CEO Martins Sulte, der auf der EBIT Konferenz in Riga folgendes zur Zukunft der Finanzindustrie sagte:

„The banks have not changed much over the last hundred years. Furthermore, interest rates that banks offer for our deposits are tiny and above all - before we can get a loan, we must prove to the bank that we actually do not need one. Back in 1994, Bill Gates said that we need banking, but we don't need banks anymore. Today, this is even more true than twenty years ago."

In den letzten Jahren ist ein starker Trend zu beobachten gewesen, dass sowohl das Vertrauen als auch das Kapital der Anleger immer mehr weg von traditionellen Finanzinstituten, hin zu neuen, transparenten und technologisch fortgeschrittenen FinTech-Start-ups gewechselt ist. Ein Trend, von dem selbstredend auch die vielen P2P Plattformen profitieren.

Ein Unternehmen aus diesem Bereich, das ich bereits mehrmals selbst genutzt habe, ist das britische Unternehmen TransferWise – eine P2P-Online-Plattform für den Geldtransfer von Fremdwährungen. Die Dienstleistung von TransferWise hatte ich häufiger während meiner Zeit in London von 2014 bis 2015 genutzt, um meine hart erarbeiteten britischen Pfund auf mein deutsches Konto in Euro zu überweisen. Dadurch habe ich im Vergleich zu einer Überweisung über den klassischen Bankenweg mehrere hundert Euro gespart.

Der Geldaustausch funktioniert dabei direkt zwischen den Privatpersonen und mit einem Wechselkurs, der sich am Devisenmittelkurs orientiert – also dem echten Wechselkurs der Finanzmärkte.

Man kann sogar selbst darüber bestimmen, ab welchem Wechselkurs man sein Geld umtauschen will, sofern dieser Kurs auch tatsächlich erreicht wird. Als Service-Gebühr wird dann ein kleiner Prozentsatz der zu transferierenden Gesamtsumme einbehalten.

Im Vergleich zum klassischen Währungstausch durch die Banken ist dieser Prozess deutlich schneller, effizienter, kostengünstiger und transparenter für den Verbraucher. Kurzum: Er bietet also nur Vorteile.

Auch das Thema der Bezahlung ist ein extrem spannender Bereich, der ebenfalls von der digitalen Transformation betroffen ist. Während sich Mobile Payment, speziell im Einzelhandel und E-Commerce, bereits als Bezahlprozess zwischengeschaltet und etabliert hat, glaube ich, dass auch das Bezahlen mit digitalem Geld nur noch eine Frage der Zeit sein wird.

Zwar haben Kryptowährungen wie der Bitcoin 2018 eine Menge „verbrannter Erde“ hinterlassen, doch schon wenige Jahre später merkt man, dass sich dieses Thema wieder stärker in der Öffentlichkeit durchsetzt und an Akzeptanz gewinnt. Es ist nicht unwahrscheinlich, dass sich dieser Trend, das Bezahlen mit virtuellem Geld, weiter fortsetzen wird.

Sicherlich muss man dafür aber zunächst die extremen Wertschwankungen und die Sicherheit der Applikationen in den Griff bekommen, bevor sich das digitale Geld im Mainstream durchsetzen wird.

Von daher scheint es also nur wenig verwunderlich, dass auch die traditionelle Kreditvergabe, eines der wichtigsten Standbeine des Bankenwesens, durch einen einfacheren, schnelleren und für den Endkonsumenten günstigeren Prozess ersetzt wird.

Lange Zeit besaßen die Banken eine Monopolstellung bei der Kreditvermittlung. Diese könnte nun, durch das Aufkommen von P2P-Krediten, Stück für Stück abgelöst werden. Die Transaktionen werden online über digitale Plattformen abgewickelt, sodass Banken mit ihren intransparenten Gebühren und Vorgehensweisen überflüssig gemacht werden.

Die Weltwirtschaftskrise 2008 und der Rückzug der Banken aus dem Subprime-Markt

Eines der großen Puzzleteile, die das Aufkommen der P2P-Plattformen beschleunigt hat, war die Subprime-Krise in den USA. Zur Erklärung: Für sehr lange Zeit hat man bei den Kredit-Segmenten zwischen Prime-Krediten und Subprime-Krediten unterschieden. Bei Prime-Krediten handelt es sich um Darlehen mit Kreditnehmern, die eine sehr gute Bonitätsbewertung besitzen. Die Zinsen sind entsprechend niedrig, da das Risiko eines Kreditausfalls als eher gering eingeschätzt wird.

Kreditnehmer, die mit dem Label Subprime versehen sind (übersetzt: zweitklassig), besitzen in der Regel eine nur sehr geringe Bonität und werden heutzutage so gut wie gar nicht mehr von klassischen Banken- und Kreditinstituten finanziert.

Die Ausläufer der Bankenpolitik mündeten damals, stark vereinfacht ausgedrückt, in der Weltwirtschaftskrise 2008. Als Konsequenz dessen änderten sich danach wesentliche Spielregeln im Bankensektor und es folgten strengere Regulierungen bei der Vergabe von Darlehen an Kreditnehmer mit unzureichender Bonität.

Zu den strengeren Regulierungen im Bankensektor, wodurch sich die Marktdynamik wesentlich veränderte, zählten unter anderem Beschlüsse wie Basel III[13] oder CRD IV.[14]

Durch die Veränderungen wurden Banken dazu gezwungen, ihre Bilanzen zu verbessern und sich auf die Kernprodukte in den heimischen Märkten zu konzentrieren. Das ließ die Finanzierung von riskanteren Krediten zurückgehen, wodurch es für Kreditnehmer immer schwieriger wurde, einen Zugang zum Kreditmarkt zu bekommen. Viele potenzielle Kreditnehmer wandten sich daraufhin an Nicht-Banken-Kreditgeber, da die Nachfrage nach Konsumentenkrediten unverändert hoch blieb.

Das Vakuum nach 2009, das durch den Rückzug der Banken im Subprime-Markt entstanden ist, wurde somit Stück für Stück von den aufkommenden Nicht-Banken-Kreditgebern und P2P-Plattformen ausgefüllt.

Geldpolitik der Zentralbanken und unterschiedliches Zinsniveau für Privatpersonen in Europa

Nachdem sich die Wirtschaft infolge der Finanzkrise 2008 an ihrem Tiefpunkt befand, begannen die Zentralbanken damit, die Gelddruckmaschinen anzuwerfen. EZB-Präsident Draghi und Co. überfluteten die Märkte mit billigem Geld, sodass sich die Unternehmen und auch die Staaten zu sehr geringen Konditionen verschulden konnten. Eine Maßnahme, durch die das Wachstum der Wirtschaft wieder angekurbelt werden sollte.

Die Zeiten niedriger Zinsen zwangen allerdings auch die Sparer und Privatanleger dazu, sich nach Alternativen bei der Geldanlage umzusehen, sollte sich der Kapitalwert auf dem Sparkonto nicht durch die Inflation verringern. Aktien schienen verbrannt, und das Geld allein den klassischen Banken anzuvertrauen, den Verursachern der Krise, schien für viele nicht mehr die allererste Option zu sein.

Die Folge: Durch das schwindende Vertrauen in die Banken kamen immer mehr neue und alternative Finanzdienstleister ins Blickfeld der Anleger, die deutlich transparenter und damit auch vertrauenswürdiger vorgingen.

Für den Aufstieg der P2P-Plattformen kam der nicht unwesentliche Umstand hinzu, dass es auch ein starkes Ungleichgewicht beim Zinsniveau für private Kreditnehmer in Europa gab beziehungsweise immer noch gibt. Zwar können sich Staaten und Geschäftsbanken für einen relativ geringen Zinssatz bei der EZB Geld leihen, allerdings gelten diese Konditionen nicht zwangsläufig für die Inanspruchnahme von Krediten durch Privatpersonen.

Diese Unterscheidung von niedrigen Leitzinsen und hohen Kreditzinsen ist nicht immer und für alle auf den ersten Blick ersichtlich. Gleichzeitig ist es wichtig zu verstehen, dass beide Faktoren nur bedingt miteinander zusammenhängen. Auf meinem Blog habe ich diese Fragestellung nochmal ausführlicher behandelt.[15]

Wenn wir uns die Statistiken und Zahlen für Deutschland ansehen, dann besitzen wir hierzulande – im europäischen Vergleich – eines der kreditnehmerfreundlichsten Länder, wenn es um das Zinsniveau bei privaten Konsumkrediten geht.

Die durchschnittlichen Zinssätze liegen für deutsche Bankkunden bei ca. fünf Prozent. In Europa sind nur die Konsumkredite für finnische Kreditnehmer noch erschwinglicher. Für einen Kredit mit einer Laufzeit zwischen einem und fünf Jahren bezahlt man in dem skandinavischen Staat durchschnittlich nur 3,5 Prozent.[16]

Doch nicht überall in Europa lassen sich derart günstige Kredite finden. In vielen wirtschaftlich schwachen europäischen Ländern, wie zum Beispiel den baltischen Staaten oder in Südeuropa, ist es als Privatperson kaum noch möglich, einen Bankkredit für unter zehn Prozent Zinsen zu erhalten.

Negativer Spitzenreiter ist dabei Estland, wo es die höchsten Zinssätze für Bankkredite in Europa gibt. Eine Ursache hierfür sind die Nachwehen der Finanzkrise, unter welcher die Bankenlandschaft besonders gelitten hat. Seitdem werden Privatkredite nur sehr zurückhaltend vergeben oder mit hohen Zinsen.

Der durchschnittliche Zinssatz eines Bankkredits bei einer Laufzeit von einem bis zu fünf Jahren liegt bei über 18 Prozent. Eine Statistik der estnischen Zentralbank[17] zeigt sogar, dass die Zinssätze für Verbraucherkredite in den Jahren von 2007 bis 2015 durchschnittlich zwischen 18 Prozent und 37 Prozent lagen.

Während die Kreditnehmer auf der einen Seite also nach günstigeren Krediten suchen, können Privatanleger zweistellige Renditen häufig nur durch das Investieren in risikoreiche Finanzprodukte erzielen.

Dadurch entsteht eine Konstellation, bei der beide Seiten voneinander profitieren können. Die Umsetzung der Lösung bieten die P2P-Plattformen, die eine Brücke über den Kreditgraben Europas bauen und Investoren aus Niedrigzinsländern mit Kreditnehmern aus Hochzinsländern verbinden.

Die Geschäftsmodelle der P2P-Plattformen

Wie verdienen die Unternehmen, die im Kern eine P2P-Plattform betreiben, eigentlich ihr Geld?

Diese Fragestellung ist fundamental, wenn man sich genauer und ausführlicher mit dem Geschäftsmodell einer P2P-Plattform befassen möchte.

Denn auch wenn von außen betrachtet manchmal der Eindruck entsteht, dass sich die meisten dieser Unternehmen nur marginal und hauptsächlich in ihrem Kreditangebot unterscheiden, so sind die Geschäftsmodelle und damit auch die Wege, wie P2P-Plattformen Geld verdienen, sehr unterschiedlich und individuell.

Im Kern gibt es – in Abhängigkeit zum Geschäftsmodell – insgesamt drei primäre Einnahmequellen:

- Den Kreditnehmer,
- den Kreditgeber,
- oder den Privatanleger.

Bevor ich näher auf die einzelnen Ausprägungen eingehen werde, hier noch ein paar kurze Vorbemerkungen:

1) Aufgrund der unterschiedlichen Geschäftsmodelle können bei einer P2P-Plattform immer nur maximal zwei von drei Primärquellen auftreten. Das ist in erster Linie auf die Unterscheidung zwischen klassischen P2P-Plattformen (direkte Kreditvergabe, daher keine Monetarisierung via Kreditgeber) und P2P-Marktplätzen (keine Monetarisierung via Kreditnehmer) zurückzuführen.

2) Jede Primärquelle kann sich nochmal in unterschiedliche Bereiche aufteilen. Vom Kreditnehmer könnte beispielsweise sowohl eine direkte Gebühr für die Kreditvermittlung anfallen als auch eine Gebühr für die Verwaltung des Darlehens.

3) Auch außerhalb der drei Primärquellen kann es selbstverständlich weitere Einkommensströme geben, welche in die Bilanz einer P2P-Plattform mit aufgenommen werden können.

Auf Basis dieser Annahmen folgt nun ein Blick auf die individuellen Umsatzquellen der einzelnen P2P-Plattformen.

Der Kreditnehmer

Beim Kreditnehmer ist die Vielfalt an Einnahmequellen mit Abstand am größten. Bevor ich näher auf die heutigen Ausprägungen eingehe, sollte aus Sicht der Kreditnehmer zunächst der Umstand gewürdigt werden, dass sich die Gebühren mittlerweile sehr stark an den auch tatsächlich in Anspruch genommenen Leistungen orientiert. Das war nämlich nicht immer so.

Als Privatkredite gerade erst dabei waren, sich zu etablieren, war es für Kreditnehmer nicht unüblich, teilweise schon bei der Registrierung bis zu 100 Euro zu bezahlen. Eine Garantie, dass man im Anschluss auch einen Kredit bewilligt bekommt, gab es hingegen nicht.

Bei der deutschen P2P-Plattform Auxmoney wurden noch bis zum Jahr 2013 Gebühren für die Registrierung sowie für die Erstellung einer Bonitätsbewertung des antragstellenden Kreditnehmers veranschlagt.

Heute sind die Registrierung, die Kreditanfrage und auch die Bonitätsbewertung bei der deutschen P2P-Plattform, aber auch bei allen anderen mir bekannten Unternehmen, kostenlos.

Die Tendenz, dass manche Unternehmen früher auch im Vorfeld Gebühren von den Kreditnehmern verlangt haben, hing größtenteils mit dem administrativen und manuellen Aufwand zusammen, der heutzutage komplett online und automatisiert abläuft.

1. Direkte Provisionen und Gebühren für die Kreditvermittlung

Die am häufigsten vorkommende Einnahmequelle entsteht durch direkte Provisionen oder Gebühren für die Kreditvermittlung.

Diese werden meistens sofort nach der Ausstellung des Kredits berechnet und damit sofort einbehalten.

Hier sind einige ausgewählte Provisionsgebühren:

- Auxmoney: 2,95%
- Bondora: 5,95%
- EstateGuru: 2,5% bis 4%

Diese Zahlen sollten nicht verallgemeinert, sondern im Kontext zum jeweiligen Kreditsegment und dem Kreditvolumen betrachtet werden.

Einen etwas anderen Ansatz wählt die litauische P2P-Plattform NEO Finance. Hier können dem Kreditnehmer 4,9% bis 9,9% der Kreditsumme als Gebühr berechnet werden. Diese berechnet das Unternehmen allerdings nur partiell mit den Rückzahlungen und nicht schon im Vorfeld. Dadurch verschiebt sich nicht nur der Umsatz nach hinten, das Unternehmen hat dadurch auch die gleichen Interessen wie die Investoren, dass der Kredit auch zurückgezahlt wird.

2. Das Arbitrage-Modell

Auch Nicht-Banken-Kreditgeber wie Twino oder Viainvest verdienen beim Kreditgeschäft einen Großteil des Umsatzes durch die Kreditnehmer. Dieser wird allerdings primär durch ein Arbitrage-Modell bei den Kreditnehmerzinsen erzielt.

Das Modell funktioniert so: Das Darlehen, das für einen Zinssatz X beim Kreditnehmer finanziert wurde, wird anschließend für einen Zinssatz Y zur Querfinanzierung an die Privatanleger weitergeleitet. Die Zinsdifferenz Z (X-Y) ist dann die Gewinnmarge des Unternehmens.

Die APR (Engl.: annual percentage rate), also die tatsächlichen Kosten eines Kredits (inkl. Gebühren), können je nach Kreditart und Kreditnehmerland stark variieren. Nicht selten liegen diese Werte bei kurzfristigen Konsumkrediten, den sogenannten PayDay Loans, im hunderter und manchmal auch im niedrigstelligen tausender Prozentbereich.

3. Verwaltungsgebühren und sonstige Umsatzquellen

Die Verwaltungsgebühr eines Darlehens zählt ebenfalls zu den häufiger vorkommenden Einnahmequellen. Bei Bondora beträgt diese zum Beispiel jährliche vier Prozent der ursprünglichen Kreditsumme.[18] Gemäß dem Geschäftsbericht für das Jahr 2019 war dieser Posten mit 31,9 Prozent (6,51 Mio. Euro) der zweigrößte Umsatztreiber.[19] EstateGuru verlangt bei der Verwaltung hingegen eine jährliche Gebühr von zwei Prozent für die Administration der Dokumente und die Bewerbung der Objekte.

Darüber hinaus gibt es bei den P2P-Plattformen aber auch sehr individuelle Gebühren, die den Kreditnehmern berechnet werden können. Dazu zählen zum Beispiel Mahnungsgebühren bei Rückzahlungsschwierigkeiten oder Gebühren für eine flexible Anpassung der Rückzahlungsmodalitäten des Kreditnehmers.

Der Privatanleger

Privatanleger werden in der Regel nur sehr selten, und wenn, dann eher mit einem geringen Betrag, zur Kasse gebeten. Das ist insofern auch einleuchtend und nachvollziehbar, da das Kapital der Investoren erst dazu beiträgt, dass die Kredite finanziert werden können. Daher sind die Kostenfaktoren für die Investoren eher gering und überschaubar.

Stattdessen sind viele P2P-Plattformen sogar bereit, Geld für die Anmeldung neuer Investoren zu bezahlen, sodass diese einen kleinen Zusatzanreiz bekommen, sich anzumelden und zu investieren.

Zu den wenigen Gebühren zählen für die Investoren am häufigsten noch die Abhebungsgebühren. Diese gibt es zum Beispiel bei Bondora, bei EstateGuru oder bei Debitum Network und betragen meistens nicht mehr als einen Euro. Die Absicht der P2P-Plattformen besteht weniger darin, sich darüber zu monetarisieren, als vielmehr die dadurch entstehenden Verwaltungskosten weiterzugeben.

Weitere Kosten können für die Investoren bei der Nutzung eines Sekundärmarktes entstehen, auf welchem man bereits finanzierte Kredite kaufen oder verkaufen kann.

Die Ausstellung bestimmter Dokumente oder die Nutzung eines Währungsumtausches auf der P2P-Plattform kann zu weiteren Umsatzeinnahmen für die Unternehmen führen.

Der Kreditgeber

Abschließend bleiben noch die Kreditgeber als letzte größere Säule der Monetarisierung übrig. Diese kommt insbesondere bei P2P-Marktplätzen zu tragen, bei denen man sich über die angeschlossenen Kreditgeber finanziert – im Austausch für die Bereitstellung der Finanzierungsquelle.

Hierzu eine kleine Milchmädchenrechnung zum P2P-Marktplatz Mintos: Dieser hatte im Jahr 2019 durchschnittlich 54 Kreditgeber auf dem Marktplatz vertreten (39 zu Beginn des Jahres, 68 zum Ende des Jahres). Im Geschäftsjahr 2019 konnte Mintos dadurch (Service Fee Loan Originators) einen Umsatz von 8,75 Mio. Euro erzielen. Setzt man diese Zahlen ins Verhältnis, ergibt sich dadurch eine durchschnittliche Monatsgebühr von ca. 13.500 Euro pro Kreditgeber.

Gehen wir noch einen Schritt weiter: 2019 lag das auf Mintos finanzierte Kreditvolumen bei 2,86 Mrd. Euro. Das entspricht einem durchschnittlichen Kreditvolumen von 53,05 Mio. Euro pro Kreditgeber. Die Gebühr von Mintos macht also, bei einem Jahresbetrag von ca. 162.000 Euro pro Kreditgeber, ungefähr 0,3 Prozent des finanzierten Kreditvolumens pro Kreditgeber aus.

Natürlich sind das alles nur sehr vereinfacht dargestellte Rechenbeispiele. Diese sollen aber dennoch eine ungefähre Dimension vermitteln, wie sich P2P-Marktplätze über die Kreditgeber monetarisieren.

Die Vor- und Nachteile einzelner Geschäftsmodelle

Man sieht, dass es teilweise doch erhebliche Unterschiede gibt, wie sich die P2P-Plattformen monetarisieren. Das größte und wesentlichste Unterscheidungskriterium ist dabei das zugrunde liegende Geschäftsmodell.

Beim P2P-Marktplatzmodell gibt es, im Hinblick auf die Monetarisierung, den großen Vorteil der Diversifikation. Sofern es zu einem Totalausfall bei einem Kreditgeber kommt, wird der Umsatz durch andere Kreditgeber aufgefangen. Je mehr Kreditgeber es gibt, desto geringer der Einfluss auf den Umsatz. So zumindest in der Theorie.

Klassische P2P-Plattformen mit direkter Kreditvergabe monetarisieren sich in erster Linie durch den Kreditnehmer. Auch hier kann man die Vielzahl der Kreditnehmer als eine Form der Diversifikation ansehen. Zudem bestehen für diese Unternehmen deutlich mehr Möglichkeiten, die Einnahmen durch die Kreditnehmer auf unterschiedliche Arten und Weisen zu verteilen – losgelöst von den klassischen Provisionseinnahmen für die Kreditvermittlung.

Das Arbitrage-Modell scheint auf den ersten Blick zwar am profitabelsten zu sein, allerdings entstehen hierbei auch deutlich mehr Abhängigkeiten von den Kreditnehmermärkten und den jeweiligen Regulierungen im Kreditsegment.

Die Vor- und Nachteile von P2P-Krediten

Um einen Überblick zu bekommen, welche Vor- und Nachteile Dich bei einem Investment in Privatkredite erwarten, habe ich nachfolgend jeweils fünf Aspekte aufgelistet und für Dich eingeordnet.

Die Vorteile

Bei den fünf Vorteilen handelt es sich um: Liquidität, niedrige Einstiegshürde, Diversifikationsmöglichkeit zum Investmentportfolio, Automatisiertes Investieren und monatlicher Cashflow.

Liquidität

Die Frage nach dem Anlagehorizont ist eine der wichtigsten, die man sich im Vorfeld eines Investments stellen sollte. Das trifft auf viele Anlageklassen zu, gilt aber insbesondere für Investitionen in Privatkredite. Warum? Nicht selten geht ein vorzeitiger und notgedrungener Verkauf zu Lasten der Rendite. Davon abgesehen ist diese Option auch nicht überall verfügbar. Insofern ist eine realistische Selbsteinschätzung beim Anlagehorizont von großer Bedeutung.

Persönlich bewerte ich die Frage des Anlagehorizonts je nach Anlageklasse recht unterschiedlich. Meine ETF-Sparpläne bilden beispielsweise den Grundbaustein meiner Altersvorsorge und werden daher in den nächsten 30 Jahren nicht von mir angefasst. Die Volatilität der Märkte spielt dadurch eine untergeordnete Rolle, sodass ich – historisch betrachtet – von einer normalen Marktrendite ausgehen kann.

Bei P2P-Krediten schaue ich hingegen bevorzugt auf einen kurzfristigen und liquiden Charakter. Das bedeutet, dass die Kreditlaufzeiten häufig nicht länger als zwölf Monate sind. Parallel gibt es dazu auch spezialisierte Anlageprodukte wie Bondora Go & Grow[20], welche sogar mit einer täglichen Verfügbarkeit des investierten Geldes werben.

Man muss diese Ausrichtung auf Liquidität zwar nicht in Anspruch nehmen, dennoch kann es durchaus vorteilhaft für Anleger sein, darauf zurückgreifen zu können.

Niedrige Einstiegshürde

Die Einstiegsbarrieren sind bei jeder Anlageklasse unterschiedlich hoch. Nehmen wir exemplarisch den Kauf einer Immobilie. Auf der einen Seite kann sich der Prozess der Immobilienakquise mehrere Wochen oder Monate hinziehen. Auf der anderen Seite ist die Entscheidung für einen Immobilienkauf nicht selten mit einem erheblichen finanziellen Commitment verbunden.

Das bedeutet also, dass sowohl der Zeit- aber insbesondere auch der Geldeinsatz teilweise sehr große Hürden für Privatanleger darstellen können.

Bei Investitionen in Privatkredite ist die Einstiegshürde hingegen deutlich geringer und der Zugang um ein Vielfaches einfacher. Auf der einen Seite ist die Anmeldung in der Regel nach wenigen Minuten erledigt, auf der anderen Seite kann man bereits mit wenigen Hundert Euro anfangen, sein Investment zu testen und gegebenenfalls weiter auszubauen.

Diversifikationsmöglichkeit zum Investmentportfolio

„Don't put all your eggs in one basket" ist eines der berühmtesten Zitate von Investoren-Legende Warren Buffet, welches regelmäßig in Diskussionen zum Thema Diversifikation hervorgeholt wird. Die Aussage zielt darauf ab, dass ein herunterfallender Korb mit allen enthaltenen Eiern einen größeren Schaden hervorrufen würde, als wenn man seine Eier vorher unterschiedlich aufgeteilt hätte.

Das Thema Diversifikation kann man im Kontext von P2P-Krediten unterschiedlich betrachten. Eine differenzierte Auseinandersetzung mit diesem Thema wird zu einer späteren Stelle des Buches folgen.

Doch die Kernaussage bleibt bestehen: Vom Grundsatz her kann man das „P2P-Kredite-Ei" als eine weitere Form der Anlagemöglichkeit betrachten, die man als Form der Diversifikation zu seinem bestehenden Investmentportfolio hinzufügen kann.

Automatisiertes Investieren

Return-on-Time-Invested (ROTI) ist ein wichtiger Faktor, mit dem man sich als Anleger genauer befassen sollte. Dahinter steht die Überlegung, dass je aktiver man ein Investment verwaltet (Ressource Zeit), desto geringer wird der tatsächliche Ertrag (Rendite). In anderen Worten: Zeit ist Geld.

Hierbei bieten P2P-Investments den Vorteil, dass man bei den meisten Unternehmen die Kredite nicht mehr manuell auswählen muss, sondern im Vorfeld einen Auto-Invest-Algorithmus mit individuellen Einstellungen konfiguriert, wodurch sowohl Investments automatisch ausgewählt als auch Rückflüsse reinvestiert werden.

Monatlicher Cashflow

Für einkommensorientierte Investoren, die gerne regelmäßig Kapitalerträge aus ihren Vermögensanlagen abschöpfen wollen, können auch P2P-Kredite von Vorteil sein. Neben einer Dividendenstrategie bei Aktien oder dem Cashflow bei Immobilien können auch die Zinserträge bei Investitionen in Privatkredite dazu genutzt werden, um ein regelmäßiges Einkommen zu beziehen.

Dazu lässt sich der Cashflow bei P2P-Krediten vergleichsweise gut prognostizieren. Wer also in bestimmten Intervallen regelmäßige Auszahlungen vornehmen möchte, der kann das bei dieser Anlageklasse meistens sehr gut umsetzen.

Die Nachteile

Schauen wir nun auf die Nachteile. Hierbei gehe ich auf die Faktoren Hochrisikoinvestment, Korrelation zur gesamtwirtschaftlichen Entwicklung, P2P-Plattformrisiko, kein passives Investment und junger / instabiler Sektor ein.

Hochrisikoinvestment

Jedes finanzielle Investment ist mit einer Form des Risikos verbunden. Hierbei sind Investitionen in P2P-Kredite tendenziell als ein Hochrisikoinvestment einzustufen.

Der Grund dafür liegt darin, dass sich der rechtliche Rahmen bei der Online-Kreditvergabe zwischen Privatpersonen häufig in einer Grauzone befindet und sich von Land zu Land teilweise sehr stark unterscheidet.

Besonders die häufig im Ausland firmierten P2P-Plattformen unterliegen in der Regel nur sehr geringen bis gar keinen Auflagen, um das Geschäftsmodell der P2P-Kreditvergabe zu praktizieren. Das kann auf der einen Seite die Prozesse zwar schlank und die Kosten gering halten, gleichzeitig wird dadurch aber auch Tür und Tor für Unternehmen mit weniger integren Absichten geöffnet.

Der fehlende Grad an Kontrolle, Schutzmechanismen und einheitlicher Regulierung sind der Nährboden für ein extrem hohes Risiko, welches durchaus in einem Totalverlust enden kann.

Kreditperformance / Gehebelte Kreditrisiken

Wer mit Privatkrediten Geld verdienen möchte, der muss sich über die Risiken des Kreditgeschäfts bewusst sein. Zwar können Kreditgeber durch den Einsatz von Fremdkapital eine sehr attraktive Eigenkapitalrendite erzielen, jedoch birgt dieser Hebel auch extrem hohe Risiken.

Fehlende Liquidität kann das Kartenhaus eines Kreditgebers, sofern keine Reserven vorhanden sind, relativ schnell zum Einsturz bringen. Das kann insgesamt auf zwei Wege passieren. Zum einen, indem Investoren kein weiteres Geld mehr investieren, zum anderen, indem die Kreditnehmer die Kredite nicht zurückbezahlen. Zwar kann der Investor das Ausfallrisiko eines einzelnen Kredits durch maximale Diversifikation minimieren, jedoch sollte es nicht darüber hinwegtäuschen, dass die Performance des Kreditgebers das deutlich größere Risiko darstellen kann.

P2P Plattformrisiko

Da es sich bei P2P-Krediten um eine noch relativ junge Anlageklasse mit vergleichsweise niedrigen Einstiegshürden für Unternehmen handelt, hat sich in den letzten Jahren eine immer größer werdende Industrie um dieses Geschäftsmodell herum entwickelt. Die Folge: Wenn man sich als einzelner Investor die Vielzahl von Unternehmen ansieht, kann es schwer fallen, dabei die richtigen Unternehmen auszusuchen und für sich herauszufiltern.

Zwar hatte Buffet von vielen Eiern in unterschiedlichen Körben gesprochen, allerdings stammt von ihm auch das Zitat, dass eine breite Diversifikation nur dann notwendig sei, wenn man nicht verstehe, was man genau macht („Wide diversification is only required when investors do not understand what they are doing").

Diese Balance zwischen Konzentration und ausreichender Diversifikation ist bei der Auswahl der P2P-Plattformen ein schmaler Grat und definitiv ein nicht zu unterschätzender Nachteil bei P2P-Krediten. Denn solange es keine größere Konsolidierung im Markt gegeben hat, sind die Chancen, negativ von einem Ausfall betroffen zu sein, überproportional hoch.

Kein passives Investment

Ich habe das automatisierte Investieren als einen Vorteil bei P2P-Krediten gewürdigt. Doch dadurch wird das Investieren in Privatkredite nicht automatisch zu einem passiven Element. Auch wenn das manchmal gerne suggeriert wird. Zwar kann man sein P2P-Investment passiv laufen lassen; die Chancen , mit diesem Vorgehen in einem extrem dynamischen Umfeld eine Bruchlandung hinzulegen, sind aber nicht gerade gering.

Insofern gilt es Augen und Ohren offen zu halten und nach womöglich negativen Entwicklungen Ausschau zu halten. Im Hinblick auf „Return-on-Time-Invested" sollte dieser Aspekt jedoch mit berücksichtigt werden, weshalb ich ihn hier auch als einen Nachteil aufführe.

Junger und instabiler Sektor

Der P2P-Sektor ist, wie bereits erwähnt, ein immer noch vergleichsweise junger Sektor mit vielen aufstrebenden und ambitionierten Marktteilnehmern. Eine Entwicklung, welche den Aufstieg dieser Anlageklasse in den letzten Jahren definitiv mit befeuert hat, ist auch das zunehmende Engagement von reichweitenstarken Influencern, welche sich mit diesem Thema auseinandersetzen.

Meinungsmacher gibt es zwar überall; jedoch kann deren Einfluss, besonders in einem immer noch kleinen Markt, ein deutlich höheres Gewicht einnehmen.

Da es für erfolgreiche Privatkundenvermittlungen teilweise sehr hohe Provisionserlöse geben kann, entstehen dadurch nicht nur Interessenskonflikte in der Berichterstattung, sondern auch große Abhängigkeiten von den P2P-Plattformen zu den Meinungsmachern dieser Szene.

P2P-Kredite in Deutschland

P2P-Kredite gewinnen in Deutschland zunehmend an Akzeptanz. Dieser Trend wird insbesondere durch eine jüngere Zielgruppe von Privatanlegern vorangetrieben, die sich nicht nur für Finanzthemen allgemein, sondern zunehmend auch für alternative und weniger stark regulierte Formen der Geldanlage öffnen.

Gemäß den YouTube-Analytics meines deutschsprachigen Kanals *re:think P2P Kredite* befinden sich 43,8 Prozent der Zuschauer in einem Alterssegment zwischen 25 und 34 Jahren. Den zweitgrößten Anteil mit 35,6 Prozent machen die Zuschauer im Segment der 35- bis 44-jährigen aus.

Dass die Affinität besonders in dieser Altersgruppe am höchsten ist, scheint aus meiner Sicht wenig verwunderlich.

1. Viele erkennen, dass die gesetzliche Rente in Deutschland auf wackligen Füßen steht und dass es daher unausweichlich sein wird, die Rentenlücke durch private Altersvorsorge zu schließen.

2. Der Umgang mit dem Internet, eine notwendige Voraussetzung für das Investieren in P2P-Kredite, ist für die Generation Y, die im Zeitraum der frühen 1980er bis zu den späten 1990er Jahren geboren wurde, etwas Natürliches und Selbstverständliches.

3. Der vergleichsweise einfache Weg, in P2P-Kredite zu investieren, und die relativ geringen Voraussetzungen im Hinblick auf das notwendige Kapitalvermögen schaffen eine niedrige Einstiegsbarriere für den Zugang zu P2P-Investments.

Daher scheint es auch wenig verwunderlich, dass deutsche Privatanleger auf den großen internationalen P2P-Plattformen sehr dominant vertreten sind und einen Großteil der Privatanleger ausmachen.

Sowohl bei PeerBerry (30 Prozent), VIAINVEST (37 Prozent) als auch TWINO (35 Prozent) lag der Anteil der deutschen Privatanleger in einem Bereich von 30 bis 40 Prozent.

Auf Investoren-Seite ist Deutschland beim Thema P2P-Kredite mittendrin statt nur dabei. Was die Anbieter-Seite angeht, so stehen deutsche P2P-Plattformen eher weniger hoch im Kurs. Auch das hat seine Gründe, worauf ich später noch im Detail eingehen werde.

Zunächst allerdings ein Blick auf zwei spezielle P2P-Plattformen aus Deutschland, welche hierzulande einen festen Platz in der „P2P-Kredite-Historie" besitzen.

eLolly – Die erste deutsche P2P Plattform

Die erste in Deutschland gegründete P2P-Plattform ging 2007 mit dem Anbieter *eLolly* an den Start. Der Legende nach hatte dessen Gründer, Dirk Morina, die Plattform damals ins Leben gerufen, nachdem er selbst keinen Kredit bei seiner Hausbank für eine Geschäftsidee bekommen hatte.[21]

Als Trotzreaktion gründete er daraufhin seine eigene Kredit-Plattform. Die Namenswahl folgte dabei seiner Abneigung gegenüber den Bankmitarbeitern, welche er als „Lutscher" (engl.: lolly) bezeichnet hatte.

Doch die Geschäftspraktiken von eLolly und die massive Kritik von Seiten der Verbraucherschützer verhinderten einen größeren Erfolg des Unternehmens. Die Vorwürfe erstreckten sich über die kommerzielle Weitergabe von gespeicherten Kundendaten an Drittanbieter, die Ausgestaltung der AGB im Rahmen des Widerrufsrechts sowie die mangelnde und kaum vorhandene Absicherung ausfallender Kredite.

Auch die Tatsache, dass Kreditsuchende bereits vorab bis zu einhundert Euro für die Registrierung bezahlen sollten, bremste die Marktdurchdringung merklich aus. Schließlich benötigten die Schuldner Geld und wollten deshalb logischerweise nicht schon für den Zugang zu Krediten hohe Einstiegssummen bezahlen.

Dass eLolly wenig später seinen Unternehmenssitz in der Schweiz anmeldete, bevor man endgültig wieder vom Markt verschwand, passte dann doch wieder sehr gut in das Gesamtbild dieser dubiosen und intransparenten P2P-Plattform. Allein der Platz in den Geschichtsbüchern wird eLolly hingegen auf ewig erhalten bleiben.

Auxmoney – Der deutsche Platzhirsch

Eine weitere P2P-Plattform, die sich ebenfalls 2007 gründete – im Gegensatz zu eLolly allerdings noch heute Bestand hat – ist das Kölner Unternehmen Auxmoney. Auxmoney gehört heute, gemessen am finanzierten Kreditvolumen von über 2 Mrd. Euro und mehr als 300.000 finanzierten Darlehen seit der Gründung[22], zu den größten Kreditmarktplätzen in Kontinentaleuropa. Neben den Privatkrediten bietet das Unternehmen seit April 2019 auch Unternehmenskredite[23] von bis zu 750.000 Euro an.

Ähnlich wie bei eLolly waren allerdings auch die ersten Jahre bei Auxmoney von vielen Stolperfallen geprägt, sodass das Unternehmen auf eine durchaus bewegte Vergangenheit zurückblicken kann.

Zum Beispiel wurde der Auxmoney-Service zu Beginn in Kooperation mit der Firma XACT media Inc. betrieben, einem kleinen US-amerikanischen Unternehmen mit Firmensitz in Nevada. Das Besondere daran war, dass sich das Unternehmen auch um die Betreuung und Verwaltung anderer Internetprojekte gekümmert hat, wozu unter anderem die Erotikplattformen Pornflag und Stripfire gehörten.

Die Zusammenarbeit sollte laut Aussage von Auxmoney-Geschäftsführer Philipp Kriependorf dazu dienen, die Geschäfte „schnell in Gang zu bringen“, was die Wahrnehmung der Plattform im Nachgang eher negativ beeinflusst hat. Kurz nach dem Bekanntwerden ist die Kooperation beendet worden.

Weitere Kritikpunkte drehten sich in der Anfangszeit speziell um das Thema Monetarisierung. So war beispielsweise eine Bonitätsbewertung für Kreditnehmer ebenso kostenpflichtig wie die Registrierung auf der Plattform selbst. Eine Garantie, einen Kredit via Auxmoney zu bekommen, gab es hingegen nicht. Erst ab 2013 veränderte Auxmoney sein Geschäftsmodell dahingehend, dass von diesem Zeitpunkt an sowohl Registrierung, Kreditanfrage als auch Bonitätsbewertung kostenlos waren.

US-Investmentfirma wird 2020 Mehrheitseigentümer bei Auxmoney

Im Jahr 2020 hat Auxmoney die größte Finanzierungsrunde eines Fintech-Unternehmens in der Eurozone eingesammelt. Wie das Unternehmen im September 2020 bekannt gab, hat sich das private Beteiligungsunternehmen Centerbridge Partners L.P., die ein Vermögen von 26 Mrd. US-Dollar verwalten (Stand: Juni 2020), mit 150 Mio. Euro an Auxmoney beteiligt. Neben der Kapitalerhöhung wurden auch Anteile von den Bestandsgesellschaftern abgekauft, wodurch Centerbridge Partners jetzt die Mehrheit der Anteile an dem Unternehmen gehört.

Zu den weiteren Investoren zählen zudem bestehende Venture Capital Firmen, wie Index Ventures (seit 2013 beteiligt, unter anderem auch bei Skype und Dropbox involviert), Union Square Ventures (ebenfalls seit 2013 beteiligt, auch als Investoren bei Twitter oder Lending Club aktiv) oder Foundation Capital (seit Mai 2014 mit dabei), die sich in vergangenen Finanzierungsrunden an dem Unternehmen beteiligt haben und weiterhin als Teilhaber aktiv sind.

Zurückhaltung deutscher Investoren

Aktuell steht Auxmoney, rein finanziell betrachtet, besser da als nie zuvor. Doch das Interesse der deutschen Privatanleger, im Heimatland zu investieren, hält sich eher in Grenzen. Womit hängt das zusammen?

1. **Zu niedriges Zinsniveau:** In Deutschland befinden wir uns im europäischen Vergleich in einem Niedrigzinsumfeld. Das bedeutet, dass nicht nur die Sparer für das Nichtstun abgestraft werden, sondern auch die Marge für Investoren im deutschen Kreditgeschäft entsprechend gering und wenig attraktiv ist.

   Auxmoney wirbt auf seiner Webseite mit einer durchschnittlichen Rendite von fünf Prozent. Insgesamt ist das zu wenig für viele Investoren, die deshalb lieber im Ausland ansässigen und weniger regulierten Unternehmen vertrauen, die dafür aber eine deutlich höhere Verzinsung in Aussicht stellen.

2. **Schlechter Ruf:** Die wenigen Erfahrungsberichte, die es online zu Auxmoney zu lesen gibt, sind in der Regel eher durchschnittlich bis negativ. Intransparenz, versteckte Kosten und Gebühren oder umständliches Investieren sind die mit am häufigsten genannten Gründe, die neben der geringen Verzinsung als Hauptargument gegen Auxmoney angebracht werden

3. **Fokus auf institutionelle Investoren:** Dass Auxmoney bei deutschen Investoren eher kritisch gesehen wird, kann durchaus auch auf einen mangelnden Fokus auf deutsche Privatanleger zurückzuführen sein. Das Unternehmen hat sich in den letzten Jahren verstärkt auf Kooperationen mit großen institutionellen Anlegern konzentriert, welche die Vorteile einer größeren Sicherheit und damit einhergehend auch einer niedrigeren Rendite eher zu schätzen wissen.

   Exemplarisch kann hierfür der niederländische Versicherungskonzern Aegon herhalten. Dieser hatte mit seinem Einstieg bei Auxmoney im Jahr 2017 für Aufsehen gesorgt, da man angekündigt hatte, über einen Zeitraum von drei Jahren insgesamt 1,5 Mrd. Euro an Krediten finanzieren zu wollen.[24]

Auf der einen Seite ist Auxmoney für viele kleinere Privatanleger in Deutschland unattraktiv, gleichzeitig findet das Geschäftsmodell des Unternehmens deutlich mehr Anklang bei größeren Investoren, die ihr Portfolio gezielt mit deutschen Konsumkrediten erweitern wollen.

Deutscher P2P-Sektor im internationalen Vergleich

Wie kann das Transaktionsvolumen von P2P-Krediten in Deutschland bewertet und im internationalen Kontext eingeordnet werden? Hierfür hilft ein Blick auf die Zahlen des Statistik- und Studienportals Statista.[25] Demnach wird prognostiziert, dass das weltweite Transaktionsvolumen im Segment P2P-Kreditmarktplatz (Private Konsumkredite) im Jahr 2021 bei 82,08 Mrd. Euro liegen wird.

Den größten Markt macht dabei China mit geschätzten 58,7 Mrd. Euro aus, was einem prozentualen Anteil von 71,53 Prozent entspricht. Auf den weiteren Plätzen folgen die USA (2021: 19,88 Mrd. Euro) und Großbritannien (1,54 Mrd. Euro).

Deutschland besitzt nach Frankreich den zweitgrößten P2P-Sektor mit prognostizierten 203,8 Mio. Euro für das Jahr 2021. Bezogen auf den weltweiten Anteil entspricht das nur 0,25 Prozent, beziehungsweise 7,64 Prozent in Europa (inkl. Großbritannien).

Perspektivisch geht man auf der Seite davon aus, dass es in den nächsten vier Jahren ein durchschnittliches Wachstum im niedrigen einstelligen Prozentbereich geben wird. 2025 soll das weltweite Transaktionsvolumen im P2P-Segment bei 88,45 Mrd. Euro liegen, wobei China mit 62,23 Mrd. Euro (70,36 Prozent) weiterhin das Maß aller Dinge sein soll. In Deutschland soll das Volumen hingegen auf 216,8 Mio. Euro anwachsen, wodurch der weltweite Marktanteil weiterhin bei 0,25 Prozent liegen würde.

Ausgestaltung von P2P-Krediten in Deutschland

Dass der deutsche Marktanteil beim weltweiten Transaktionsvolumen nur eine untergeordnete Rolle spielt, ist weniger auf das mangelnde Zutrauen und die Kapitalkraft deutscher Investoren zurückzuführen, sondern vielmehr auf die strukturellen Rahmenbedingungen in unserem Land.

Stark regulierter Kreditmarkt

Im Vergleich zu vielen anderen europäischen Ländern gibt es in Deutschland sehr klar definierte Regeln und gesetzliche Vorgaben, die bei der Kreditvermittlung zwischen Privatpersonen eingehalten werden müssen. Gemäß Kreditwesengesetz besagt eine dieser Vorgaben, dass ausschließlich Kreditinstitute Darlehen an Privatpersonen vergeben dürfen.[26]

Das bedeutet zum Beispiel, dass deutsche P2P-Plattformen entweder selbst eine Bankenlizenz besitzen müssen, wodurch man automatisch auch der Aufsicht der BaFin (Bundesanstalt für Finanzdienstleistungsaufsicht) unterstellt wäre, oder man muss mit den entsprechenden Finanzinstituten zusammenarbeiten.

In jedem Fall entstehen dadurch nicht unwesentliche Kosten, welche durch die P2P-Plattform zu tragen sind. Auxmoney arbeitet bei der Abwicklung der Zahlungsvorgänge sowohl mit der BIW-Bank als auch mit der SWK-Bank zusammen.

Im Gesamtbild wirkt diese Konstellation etwas paradox, weil die Banken dadurch in ihrer Abwicklungsfunktion Vertragspartner zwischen Kreditnehmern und Investoren werden. Das Aufkommen von P2P-Krediten, welches im Grunde genommen auch eine Emanzipierung gegenüber klassischen Banken bedeutete, wird somit etwas konterkariert.

Einen Markt mit Nichtbanken-Kreditgebern, den es in unterschiedlicher Vielfalt im europäischen Ausland gibt und worüber auch eine Vielzahl von P2P-Krediten abgewickelt werden, gibt es in dieser Form in Deutschland nicht.

Niedriges Zinsniveau

Deutschland ist eines der kreditnehmerfreundlichsten Länder in Europa. Wer sich als deutscher Bankkunde für ein Konsumdarlehen interessiert, der bekommt einen Kredit bei einer Laufzeit von ein bis zu fünf Jahren bereits für durchschnittlich fünf Prozent finanziert.[27]

Dadurch lässt sich bereits erahnen, dass die Marge, an der Privatanleger verdienen wollen, äußerst gering ist. Ganz abgesehen davon, dass auch noch die Intermediäre an dem Kreditgeschäft mitverdienen wollen. Insofern ist es nicht verwunderlich, dass deutsche Anleger bei P2P-Krediten weniger dem Home-Bias verfallen und den Blick lieber ins Ausland schweifen lassen. Mit der Aussicht auf eine drei- bis vierfach höhere Rendite wird auch gerne mehr Risiko in vergleichsweise unregulierten Märkten in Kauf genommen.

Hier begegnen sich erneut die beiden Gegenpole aus Rendite und Risiko. Auf der einen Seite schaffen gesetzliche Rahmenbedingungen, die sich stark an verbraucherschutzrechtlichen Aspekten orientieren, die Voraussetzung dafür, dass diese Formen der Investitionen auf vermeintlich sicheren Füßen stehen. Der Preis dafür ist allerdings die deutlich geringere Gewinnerwartung auf der anderen Seite.

Insofern ist die Infrastruktur in Deutschland deutlich besser für risikoaversere Großinvestoren geeignet, die ihr Investment-Portfolio mit deutschen Konsumdarlehen diversifizieren wollen und denen eine angepeilte Rendite von ca. drei bis fünf Prozent als Beimischung ausreicht.

Boomender P2P-Sektor im Baltikum

Wer als deutscher Investor in Privatkredite investieren möchte, dem wird bei der Auswahl geeigneter P2P-Plattformen sicherlich eine gewisse Konzentration an Unternehmen mit Sitz im Baltikum aufgefallen sein.

Von den aktuell ungefähr 200 europäischen P2P- und Crowdfunding-Plattformen entfallen ca. 20 Prozent auf Anbieter mit einem Unternehmenssitz im Baltikum. Zu den drei baltischen Staaten zählen die Länder Estland, Lettland und Litauen.

Dass sich viele Unternehmen aus dem P2P-Sektor im Baltikum versammelt haben, ist kein Zufall. Ein wichtiger Grund hierfür sind unter anderem die vorteilhafte Gesetzgebung, da die geringeren bis kaum vorhandenen Regulierungsvorgaben eine deutlich freiere Geschäftsausübung ermöglichen. Besonders in Estland besitzen viele ausländische Unternehmen ihre juristische Niederlassung.

Doch die Gründe dafür ausschließlich auf die gesetzlichen Rahmenbedingungen und vereinzelte Steuervorteile zurückzuführen, wäre tatsächlich etwas zu kurz gegriffen. Was Innovationen in der Finanztechnologie angeht, so ist das Baltikum seit einigen Jahren bereits auf dem Weg dahin, die wichtigste FinTech-Region Europas zu werden. Der estnischen Hauptstadt Tallinn, die unter anderem Unternehmen wie Skype, TransferWise und Pipedrive beheimatet, haftet bereits der Ruf an, das Silicon Valley Europas zu sein.

Insgesamt hat das Baltikum mit seinen knapp über sechs Millionen Einwohnern in den letzten Jahren eine ganze Reihe von aufstrebenden Start-ups hervorgebracht.[28]

Land	**Einwohner**	**Start-ups**	**Start-ups pro 10.000 Einwohner**
Estland	1.300.000	673	2,3
Lettland	1.900.000	352	1,8
Litauen	2.900.000	424	1,4

Auch im internationalen Kontext wird die Innovationskraft der drei baltischen Länder als sehr hoch eingestuft. Beim World Economic Forum gehörten diese in den vergangenen Jahren stets zu den am innovativsten eingestuften Ländern in der Europäischen Union.

Es lohnt sich also, einen Blick hinter die Kulissen zu werfen, woher die Innovationskraft des Baltikums kommt und welche Faktoren diese Länder als Unternehmensstandort so attraktiv machen. Dafür werde ich in diesem Kapitel auf die allgemein übergreifenden Wettbewerbsvorteile eingehen sowie auf die speziellen Besonderheiten der einzelnen Länder.

Warum das Baltikum als Unternehmensstandort so attraktiv ist

Gebildete Bevölkerung

Trilingualität ist im Baltikum kein Fremdwort, sondern eine Selbstverständlichkeit. Neben der jeweiligen Landessprache ist Russisch in der Regel die zweite Fremdsprache in den baltischen Ländern. Dieser Umstand ist sowohl der geographischen Nähe als auch der sowjetischen Historie in den einzelnen Ländern geschuldet.

Englisch hat sich zudem als dritte Fremdsprache etabliert. Seit der Unabhängigkeit im Jahr 1991 lernen die estnischen Schüler als erste Fremdsprache nicht mehr Russisch, sondern Englisch.

Hinzu kommen viele renommierte Bildungseinrichtungen, die sowohl staatlich als auch privat organisiert sind. Die grundlegenden Voraussetzungen werden also bereits in den Ländern selbst geschaffen, sodass viele der jungen Menschen für eine gute Ausbildung und bessere Perspektiven nicht zwangsläufig ins Ausland gehen müssen.

Kostengünstige Arbeitskräfte

Der Ausbildungsstandard hat im Baltikum deutlich aufgeholt. Dennoch sind die Gehälter immer noch ein gutes Stück niedriger als in Westeuropa. Aber nicht nur dieser Umstand kommt den Unternehmen entgegen.

Zusätzlich gibt es auch Unterstützung seitens der Regierungen, um kompetente und qualifizierte Mitarbeiter langfristig an das Unternehmen zu binden.

Dafür hat die lettische Regierung 2016 ein Start-up-Gesetz auf den Weg gebracht (Law on Aid for Start-up Companies), welches Anfang 2017 in Kraft getreten ist. Dieses ermöglicht jungen Unternehmen, die Sozialabgaben der Mitarbeiter – unabhängig von der Höhe des Gehalts – auf 250 Euro pro Beschäftigten zu reduzieren.

Außerdem sieht das Gesetz vor, dass die lettische Regierung in eingeschränktem Umfang auch die Sozialabgaben und Einkommenssteuern von hochqualifizierten Beschäftigten übernimmt, die einen Masterabschluss, eine Doktorarbeit oder Berufserfahrung von mehr als fünf Jahren vorweisen können.

Somit können Start-ups das höhere Gehaltsniveau von Entwicklern und anderen hochqualifizierten Arbeitskräften abfedern und diese für einen Bruchteil des Preises einstellen, den sie anderswo bezahlen müssten.

Erschwingliche Lebenshaltungskosten

Baltische Staaten bieten ein hohes Maß an Lebensqualität bei gleichzeitig niedrigeren Lebenshaltungskosten. Zum Beispiel sind die Mieten im Vergleich zu anderen europäischen Städten durchaus bezahlbar. Die Mietpreise sind im Durchschnitt 81 Prozent günstiger als in London und 57 Prozent niedriger als in Berlin.

Bei einem moderaten bis niedrigen Ausgabeverhalten liegen die monatlichen Durchschnittskosten für einen Single-Haushalt im Baltikum bei 1.093 Euro. Bei einem Zwei-Personen-Haushalt sind es hingegen 1.611 Euro.[29]

Innovationsfreundliche und agile Regierungen

Das lettische Start-up-Gesetz ist ein gutes Beispiel dafür, dass sich die baltischen Regierungen um ein Vorankommen der eigenen Wirtschaft bemühen und versuchen, die passenden Rahmenbedingungen für die Unternehmen zu schaffen.

Möglich wird das schnelle Vorantreiben von Innovationen und Gesetzesänderungen auch dadurch, weil es sich um relativ kleine Volkswirtschaften handelt.

Kleine Volkswirtschaften sind auch agile Volkswirtschaften, die sich leichter an die Bedürfnisse des schnelllebigen, digitalen Zeitalters anpassen und auf neue Innovationen reagieren können.

Zudem ist die Verbindung zwischen Unternehmen und Vertretern der Regierung viel kürzer als in anderen, größeren Ländern. Zusammen mit einem aktiven NGO-Sektor erleichtert das die Durchsicht von Gesetzesänderungen oder die Umsetzung neuer Gesetze.

Besonders dieser vierte Aspekt ist ein sehr zentrales Element bei der Bewertung, weshalb sich das Aufkommen von P2P-Plattformen so stark im Baltikum konzentriert. Schließlich steht und fällt das Geschäftsmodell der privatvermittelten Online-Kredite damit, welche gesetzlichen Rahmenbedingungen die jeweiligen Regierungen vorgeben. Ohne den entsprechenden Nährboden wäre auch das Wachstum der uns heute bekannten P2P-Plattformen nicht möglich gewesen.

Estland: Der Wandel eines Staates zur digitalen Gesellschaft

Estland ist der nördlichste der drei Staaten im Baltikum. Mit vergleichsweise junger Historie feierte das Land 2018 zwar sein 100-jähriges Bestehen, doch die meiste Zeit des 20. Jahrhunderts wurden die Esten kolonialisiert und waren dem Willen anderer Länder ausgesetzt. Zunächst dem der Nazi-Deutschen, später dann viele Jahrzehnte dem der Sowjets. Erst 1991 erlangte Estland, nach dem Zerfall der Sowjetunion, seine Unabhängigkeit wieder zurück.

Die Entwicklung, die dieses kleine und heute 1,3 Millionen Einwohner große Land seitdem in den letzten 30 Jahren genommen hat, sucht seinesgleichen.

Seit 2004 Mitglied in der Europäischen Union, besitzt Estland heute eine der stabilsten Volkswirtschaften innerhalb der Eurozone.

Laut Angaben des Statistikamts Eurostat[30] kann Estland mit einer Schuldenquote von 8,7 Prozent (Verhältnis der Staatsverschuldung eines Landes zu seinem Bruttoinlandsprodukt) den niedrigsten Wert aller Mitglieder innerhalb der Europäischen Union vorweisen.

Zum Vergleich: 15 EU-Mitgliedsstaaten besitzen eine Staatsverschuldung von mehr als 60 Prozent des BIP. Negative Spitzenreiter sind hierbei Griechenland (176,1 Prozent) und Italien (131,2 Prozent).

Auch die Kreditbewertungen durch die drei wichtigsten Ratingagenturen S&P (AA-), Moody's (A1) und Fitch (A+) fallen allesamt durchweg positiv aus.

Estland als Vorreiter der Staatsdigitalisierung

Doch die Geschichte Estlands ist damit bei weitem noch nicht zu Ende erzählt. Durch den großen Fokus der Esten auf Technologie und die Digitalisierung wird Estland heute als eine Art Hightech-Labor für die Staatsdigitalisierung angesehen.

Dass die Regierung im Jahr 1998 die erforderliche Verfügbarkeit eines Internetzugangs in allen Schulen beschlossen hat oder man zwei Jahre später den Zugang zum Internet als Menschenrecht erklärt hat, mag auf den ersten Blick vielleicht komisch anmuten, ist allerdings nur die Spitze des estnischen Eisbergs.

Seit dem Ende des letzten Jahrhunderts haben die Esten damit begonnen, sich Stück für Stück ihr eigenes digitales Ökosystem aufzubauen, welches e-Estonia[31] genannt wird.

e-Estonia ist die Einführung einer gesellschaftlichen Innovation, die eine elektronische Lösung für die Kommunikation zwischen Bürger und Staat ermöglicht. Nachdem 2008 die Blockchain-Technologie eingebunden wurde, sind heute fast alle öffentlichen Dienste in Estland digitalisiert und über sichere digitale Identitäten erreichbar.

Das Rückgrat für e-Estonia bildet seit 2001 die staatliche Datenplattform X-Road, auf der über 800 Behörden und Organisationen online miteinander verbunden sind.

Was in gewisser Weise die Schnittstelle der estnischen Bürokratie ist, versammelt online die verschiedenen e-Service-Datenbanken des Landes vom öffentlichen und privaten Sektor.

X-Road ist ein dezentrales System ohne Master-Datenbank. Alle Informationen werden in einem verteilten Datensystem gespeichert, sind rund um die Uhr verfügbar und können auf Anfrage sofort ausgetauscht werden. Nach Angaben der Regierung spart das System dadurch dem Staat und den Bürgern jährlich mehr als 800 Jahre Arbeitszeit.

Hier sind ein paar Beispiele für die e-Service-Datenbanken:

e-Tax (Steuern) – Im März 2000 verabschiedete die Regierung ein Gesetz, das digitale Unterschriften die gleiche rechtliche Gültigkeit wie herkömmliche besitzen. Dieses Gesetz ebnete den Weg für viele elektronische Dienstleistungen, die das heutige Leben für Wirtschaft und Gesellschaft deutlich einfacher und effizienter gestalteten. Eine der ersten Dienstleistungen war e-Tax. Damit ist es seit der Jahrhundertwende möglich, dass die Steuererklärung online abgegeben werden konnte. Dieser Service wird heute bereits von 95 Prozent der Esten in Anspruch genommen.

e-School (Bildung) – Durch die e-School werden Anwesenheit, Noten und Hausaufgaben für die Schüler im Netz geregelt. Die Benutzung von Tablets ist in estnischen Schulen gesetzlich vorgeschrieben.

Digital ID (Ausweis) – Jeder der 1,3 Millionen Esten verfügt über einen Personalausweis, der weit mehr ist als nur ein gesetzlicher Ausweis. Die Digital ID enthält einen Chip, der sämtliche Daten der anderen e-Services enthält und auch den Zugang zu diesen ermöglicht.

i-Voting (Wahlen) – 2007 war Estland die erste Nation, die eine Parlamentswahl online abgehalten hat und bei der im Netz entschieden werden konnte, wer das Volk regieren soll. Bei der letzten Wahl im Jahr 2015 haben bereits 30 Prozent der Bevölkerung i-Voting zur Abstimmung genutzt.

e-Health (Gesundheit) – Im Jahr 2008 eingeführt, sind seitdem 95 Prozent der Daten, die durch Ärzte und Krankenhäuser mitgeteilt werden, digitalisiert und in der Digital ID mittels Blockchain-Technologie gespeichert. Die Verschreibung sämtlicher Medikamente durch Apotheker und Ärzte erfolgt heute zu 99 Prozent durch e-Prescription, die ebenfalls in der ID integriert ist.

e-residency – Das letzte Puzzlestück

Um das Land noch mehr in den internationalen Fokus zu rücken, startete die Regierung 2014 das bis dato letzte größere Puzzlestück von e-Estonia, das von den Esten als „Geschenk für die Welt" beworben wird. Es handelt sich dabei um eine digitale Staatsbürgerschaft namens *e-Residency*. Das Programm ermöglicht Ausländern, eine digitale Identität zu beantragen. Mit dieser können dann zum Beispiel Unternehmen mit Sitz in Estland gegründet werden.

Von der Anmeldung bis zur Ausstellung der e-Residency dauert der Prozess in der Regel weniger als ein Arbeitstag. Die Kosten liegen dafür bei ca. 190 Euro, zuzüglich 100 Euro für die e-Residency-Card. Danach kann man als virtueller Bürger Konten eröffnen, Unternehmen registrieren oder Patente und Marken anmelden.

Mittlerweile haben laut Regierungsangaben bereits 68.000 Menschen weltweit einen virtuellen Wohnsitz in Estland angemeldet und 13.000 Unternehmen haben sich dadurch eine Firma im estnischen Handelsregister eintragen lassen.[32] Die meisten davon sind Kleinunternehmer und digitale Nomaden, die somit ihr ortsunabhängiges Business online verwalten können – Tendenz steigend.

Viele der Gründer kommen auch aus Großbritannien, um somit nach dem Brexit weiterhin von den Vorteilen des Binnenmarkts zu profitieren. Auch für Deutsche kann eine Unternehmensgründung in Estland durchaus Sinn ergeben, da Estland mit der Bundesrepublik Deutschland ein Doppelbesteuerungsabkommen unterhält.

Durch die Steuergesetze in Estland werden nur ausgeschüttete Gewinne mit 20 Prozent besteuert. Solange die Gewinne in das Unternehmen reinvestiert werden, wird keine Körperschaftssteuer fällig.

Die Sozialabgaben liegen bei 33 Prozent, solange diese nicht in einem anderen EU-Land gezahlt werden müssen.

Nach Angaben der Wirtschaftsprüfungsgesellschaft Deloitte hat das e-Residency-Programm dem estnischen Staat in den ersten drei Jahren bereits über 14,4 Mio. Euro netto in die Kassen gespült.[33] Mittelfristig soll Estland für jeden Euro, den es in das Programm investiert hat, 100 Euro zurückbekommen.

Besucher der estnischen Botschaft in Berlin. Mit dabei: Blogger Sebastian Kühn, Reelika Virunurm (Ex-Bondora Mitarbeiterin) und ich (v.l.n.r.)

Ende Januar 2018 war ich zu Gast in der estnischen Botschaft in Berlin und habe dort mit Reelika Virunurm gesprochen, einer ehemaligen Bondora-Mitarbeiterin, die jetzt für die estnische Regierung arbeitet. Im Rahmen des vierten Geburtstags des e-Residency Programms haben wir uns ausführlich über die Vorteile, den Nutzen und die Voraussetzungen unterhalten. Das Interview kann bei Interesse auf dem Blog nachgelesen werden.[34]

Lettland: Von Start-up-Gesetz bis Deep Tech

Lettland liegt geographisch im Zentrum der drei baltischen Staaten und weist eine ähnliche Geschichte wie Estland auf. Das Land, das heute knapp zwei Millionen Einwohnern beheimatet, feierte 2018 ebenfalls sein 100-jähriges Bestehen und war die längste Zeit seiner Historie durch die Besetzung der Sowjetunion kein unabhängiger Staat. Im Mai 2004 wurden die Letten in die Europäische Union aufgenommen und seit 2014 ist man auch Teil der Eurozone.

Die Wahrnehmung Lettlands ist sehr stark von einem innovativen und unternehmensfreundlichen Bild geprägt.
Beim Index für wirtschaftliche Freiheit belegte das Land 2021 Platz 30 von 180 Ländern[35] und die Weltbank rankte Lettland auf Rang 22 der weltweit unternehmerfreundlichsten Staaten.[36]

Besonders die Förderung neugegründeter Unternehmen macht Lettland zu einem der erfolgreichsten Start-up-Standorte Europas, in dem sich nach dem Inc. Wirtschaftsmagazin 71 Vertreter der weltweit 5.000 am schnellsten wachsenden Unternehmen befinden.[37]

Das Start-up-Gesetz: Law on Aid for Start-up Companies

Die Ursachen für das innovative und unternehmensfreundliche Bild Lettlands sind auf starke Eingriffe der lettischen Regierung zurückzuführen, die in den letzten Jahren sehr viel in die Förderung des nationalen Start-up-Ökosystems investiert hat.

Allen voran steht das bereits erwähnte und in Europa einzigartige Start-up-Gesetz, das 2016 vom lettischen Parlament (der Saeima) verabschiedet wurde und am 1. Januar 2017 in Kraft getreten ist.

Bei der Erfüllung gewisser Voraussetzungen kann es hierbei zu massiven Steuererleichterungen für die Unternehmen kommen, indem die Mitarbeiter-Gehälter staatlich subventioniert werden. Konkret sieht das so aus, dass anerkannte Start-up-Unternehmen bis zu einem Gehalt von 4.050 Euro nur maximal 252 Euro an Steuern pro Mitarbeiter zahlen müssen.[38] Erst bei einem höheren Gehalt werden weitere Steuern fällig.

Somit bleiben die Start-Ups im Kampf um qualifizierte Fachkräfte wettbewerbsfähig und schaffen gleichzeitig Anreize für einen Verbleib in den Unternehmen.

Eine weitere und wichtige Unterstützungsinitiative, um die lettische Unternehmenskultur zu fördern, ist das Start-up-Visum für ausländische Gründer. Dieses ermöglicht, dass Nicht-EU-Unternehmer einen unbegrenzten Aufenthalt in Lettland genießen können, sofern diese ein Unternehmen mit Sitz in Lettland gründen.

Auch im Bereich der Finanzierung bringt sich die lettische Regierung mit ein. Für Unternehmen, die sich in frühen Phasen des Wachstums befinden, vergibt die Regierung Darlehen in Höhe von bis zu 50.000 Euro. Der Fonds dafür ist insgesamt 60 Mio. Euro groß.

Deep Tech vs. FinTech

Lettland beheimatet eine Vielzahl von bekannten P2P-Plattformen, wozu unter anderem Mintos, Twino oder VIAINVEST gehören. Bei einer genaueren Auseinandersetzung mit den Tech-Start-ups in Lettland kann man jedoch feststellen, dass der Schwerpunkt der Unternehmen seltener auf klassischen finanztechnologischen Innovationen liegt, sondern vermehrt im Bereich Deep Tech.

Deep Tech bezieht sich auf grundlegende Entdeckungen aus der Wissenschaft, Technologie und Technik, die scheinbar unlösbare Probleme der realen Welt lösen und dadurch enorme Auswirkungen auf die Industrie und das Leben der Menschen haben können. Deep Tech klingt daher auf den ersten Blick etwas geheimnisvoll, da der Bereich in der Regel nur für diejenigen verständlich ist, die besondere Kenntnisse oder Fähigkeiten besitzen, die sich oft erst aus jahrelanger Forschung im Labor entwickeln.

Im Gegensatz zu regulären Tech-Start-ups basieren Deep-Tech-Projekte oft auf einzigartigen, geschützten oder schwer reproduzierbaren, technologischen oder wissenschaftlichen Fortschritten.

Zu den derzeit am häufigsten disruptierten Branchen durch Deep Tech gehören Medizin, Naturwissenschaft, Luft- und Raumfahrt, Smart Home, Smart Cities, Energieeffizienz und Robotik.

Lettische Aushängeschilder aus dem Deep-Tech-Bereich sind Start-ups wie Naco Technologies oder Anatomy Next, die durch ihre Innovationen die Aufmerksamkeit großer globaler Industriegiganten auf sich gezogen haben.

Der Nachteil: Weil die Entwicklung und Forschung an Projekten häufig sehr viel mehr Zeit in Anspruch nehmen, bis es messbare Erfolge zu verzeichnen gibt, und das Ergebnis des konkreten Nutzens nicht im Vorfeld festgestellt werden kann, leiden Deep-Tech-Start-ups sehr viel häufiger an Finanzierungsproblemen als klassische Tech- oder FinTech-Unternehmen.

Litauen: Kryptowährungen und ICOs

Historisch betrachtet teilt Litauen, der südlichste der drei Baltikum-Staaten, das gleiche Schicksal wie Estland und Lettland. Nach der Erklärung der Republik im Jahr 1918 folgte ab 1940 die Okkupation durch die Sowjetunion, ehe man 1990 seine staatliche Souveränität wieder zurückerlangen konnte.

Mit der EU-Erweiterung im Jahr 2004 wurde Litauen dann ebenfalls Mitglied der Europäischen Union. Seit 2015 ist das Land auch als 19. Mitglied in die Eurozone aufgenommen worden. Litauen ist mit knapp 2,9 Mio. Einwohnern sowohl in Bezug auf die Bevölkerungszahl als auch die Fläche das größte der drei Baltikum-Länder.

Wenn Estland mit e-Estonia charakteristisch für die Digitalisierung seiner Gesellschaft steht und Lettland besonders durch einen Fokus auf Deep-Tech auffällt, dann besticht Litauen durch die Themen Kryptowährungen und ICOs.

Nur die USA und China hatten 2017 mehr ICO-Volumen

Im Jahr 2017 hatte Litauen 35 ICOs, die einen Gesamtwert von 500 Mio. US-Dollar erzielten. Mit diesem Wert lag man weltweit, nur hinter den USA und China, auf dem dritten Platz. Zum Verständnis: Ein ICO (Initial Coin Offering) ist mit dem Konzept eines klassischen IPO Börsengangs (Initial Public Offering) zu vergleichen.

Jedoch handelt es sich beim ICO um eine unregulierte Methode des Crowdfundings für Unternehmen, deren Geschäftsmodell auf Kryptowährungen basiert.

Die normalerweise streng regulierten Prozesse der Kapitalaufnahme, die unter anderem von Banken und Börsen vorgeschrieben werden, können hierdurch vermieden werden. Es gibt mehrere Beispiele, die belegen, dass Litauens Erfolgsgeschichte bei ICOs absolut kein Zufall ist.

Commitment der Regierung zur Blockchain: Zunächst gab es eine klare Positionierung der Regierung, dass man sich dazu bereit erklärt, die Entwicklung der Blockchain-Technologie aktiv zu unterstützen.

So hat Litauen als eines der ersten Länder rechtliche Leitlinien für ICOs eingeführt und somit das Vertrauen von Gesellschaft und Investoren in Kryptowährungen und ICOs gestärkt.

LBChain: Lietuvos bankas, die Zentralbank Litauens, hat 2019 mit LBChain[39] eine Plattform zur Verfügung gestellt, die FinTech-Unternehmen dabei unterstützen soll, ihre Blockchain-basierten Produkte zu testen.

DESICO: Die weltweit erste ICO-Crowdfunding-Plattform DESICO soll es Start-ups einfacher machen, Geld durch ICOs zu sammeln. Auch der Staat und die lokalen Behörden unterstützen diese Maßnahmen und fördern somit das Vertrauen in der Gesellschaft.

Elektromarkt: Auch große Unternehmen lassen sich von der Krypto-Begeisterung anstecken. Dazu gehört zum Beispiel auch der litauische Elektronik- und Haushaltsgerätehändler „Elektromarkt". Dieser hatte angekündigt, dass man 15 Mio. Euro in Krypto-Mining zu investieren plant[40], um das leistungsfähigste Kryptowährung-Mining-System in den baltischen Staaten zu besitzen.

Blockchain Centre Vilnius: In der litauischen Hauptstadt Vilnius steht das erste Blockchain-Zentrum Europas, einer Art Co-Working-Space für innovationsbegeisterte Unternehmen. Das Zentrum soll insbesondere Unterstützung für Start-ups anbieten, wozu Weiterbildungen, Beratungen und Netzwerk-Events mit Investoren zählen.

Zusammengefasst sorgen diese Faktoren dafür, dass es in der Gesellschaft eine erhöhte Sensibilisierung und Begeisterung für die Themen Kryptowährungen und Blockchain gibt.

Laut KPMG wird der Einsatz von Blockchain, besonders im Finanzwesen, einer der wichtigsten Fintech-Trends der nächsten Jahre.[41] Dass sich der Einsatz dezentraler Technologien wie der Blockchain weiter durchsetzen wird, zeigt auch die Tatsache, dass diese mittlerweile auch bei den großen europäischen Banken, wie BBVA, Credit Suisse oder SEB, eingesetzt wird.

Doch bei all den anscheinend unbegrenzten Möglichkeiten, die sich dadurch ergeben, sollten auch die damit einhergehenden Risiken und Gefahren nicht missachtet werden.

Ein warnendes Beispiel sollte der ICO des Finanzdienstleisters Bankera sein. Gegen den bis dato größten ICO in der Geschichte Litauens, gemessen an den eingesammelten Geldern und den daran beteiligten Anlegern, wird aktuell wegen des Verstoßes gegen die nationalen Sicherheitsgesetze ermittelt.[42]

Obwohl die litauischen Behörden ICOs kultivieren, lohnt es sich dennoch zu bedenken, dass Kryptowährungen immer noch ein Hochrisiko-Anlageinstrument sind.

Das Kreditrisiko

Wer in P2P-Kredite investiert, der muss sich zwangsläufig mit dem Ausfallrisiko jener Kredite beschäftigen. Dass es dazu kommen wird, ist unausweichlich und so sicher wie das Amen in der Kirche.
Allein das Ausmaß bei den Kreditausfällen kann höchst unterschiedlich sein. Hierbei kommt es insbesondere auf das Kreditsegment und das jeweilige Scoring-Modell der einzelnen Kreditgeber an.

Da das Kreditrisiko eine übergeordnete Wichtigkeit besitzt, weil es sich hierbei um die Keimzelle aller P2P-Kredite-Risiken handelt, wird in diesem Abschnitt auf die Ausfallquoten einzelner P2P-Plattformen geschaut und wie die Unternehmen mit diesem Risikofaktor umgehen.

Im weiteren Verlauf wird dann ein Blick auf das Thema Diversifikation geworfen, welches als ein Mittel der Risikobekämpfung angewandt werden kann, sowie auf die Sinnhaftigkeit einer von den Unternehmen versprochenen Rückkaufgarantie.

Ausfallquoten einzelner P2P-Plattformen

Wie hoch sind die Ausfallquoten bei P2P-Krediten? Eine allgemeingültige Aussage kann hierfür nur sehr schwer getroffen werden, da gleich mehrere Faktoren erschwerend zusammenkommen. Viele Unternehmen lassen sich hierbei so gut wie gar nicht in die Karten schauen, da diese Informationen nicht veröffentlicht werden.

Falls doch, dann muss die Performance in jedem Fall in Abhängigkeit vom Kreditsegment betrachtet werden, da das Risikoprofil bei den Kreditarten sehr weit auseinandergehen kann. Aus diesem Grund werde ich auch keine persönlichen Investitionen als Datengrundlage heranziehen, da die Aussagekraft aufgrund unterschiedlicher Strategien nicht repräsentativ wäre.

Um dennoch einen Eindruck von der Kredit-Ausfallquote zu bekommen, gehe ich nachfolgend auf drei P2P-Plattformen ein, welche ihre Daten öffentlich zur Verfügung stellen. Zwar lässt sich auch dadurch keine allgemeingültige Aussage ableiten, aber man erhält zumindest einen Eindruck von dem Ausmaß der Kreditausfälle.

Zwei Aspekte sind vorher noch wichtig zu erwähnen:

1. Ein Kreditausfall wird bei jeder P2P-Plattform unterschiedlich definiert. In der Regel bedeutet ein Kreditausfall, dass sich der Kreditnehmer mit mehr als 60 oder 90 Tagen im Zahlungsrückstand befindet.

2. Ein Kreditausfall bedeutet nicht, dass das eingesetzte Kapital damit automatisch verloren gegangen ist. Durch den nach dem Kreditausfall vollzogenen Inkasso-Prozess kann durchaus der gesamte oder ein Teil der ausstehenden Forderungen zurückgewonnen werden.

Bei NEO Finance, einer litauischen P2P-Plattform mit Fokus auf langfristigen Konsumkrediten, befinden sich – zum Zeitpunkt April 2021 – 23,38 Prozent des ausstehenden Kreditportfolios mit mehr als 60 Tagen im Zahlungsverzug.[43] Von den drei großen Kreditratings, die das Unternehmen in A, B und C unterteilt, ist die Ausfallquote umso niedriger, desto konservativer das Rating ist. Bei Krediten mit der A-Einstufung liegt die Ausfallquote bei 6,72 Prozent, wohingegen es bei der C-Einstufung bereits 43,43 Prozent sind.

Auch die estnische Immobilien-Plattform EstateGuru zeigt sich sowohl durch monatliche Updates bei der Entwicklung des Kreditportfolios als auch durch die Bereitstellung des Kreditportfolios zum Download äußerst transparent im Umgang mit Kreditausfällen.[44] Was das im April 2021 ausstehende Kreditportfolio angeht, so sind 6,9 Prozent der Kredite im Zahlungsrückstand gewesen (bezogen auf das Kreditvolumen) und 10,1 Prozent haben sich zu diesem Zeitpunkt im Rückgewinnungsprozess befunden.

Ein letzter Blick geht zur lettischen P2P-Plattform VIAINVEST, welche durch den VIA SMS Group Konzern gesteuert und kontrolliert wird. Dem letztjährigen Geschäftsbericht[45] konnte man entnehmen, dass sich sowohl 2018 als auch 2019 insgesamt 28,4 Prozent des ausstehenden Kreditvolumens mit mehr als 90 Tagen im Zahlungsverzug befunden haben. Diese Zahlen scheinen zwar verhältnismäßig hoch zu sein, lassen sich allerdings durch einen verstärkten Fokus auf kurzfristig laufende Konsumkredite erklären.

Hier ist das Umsatzpotenzial zwar deutlich höher, gleichzeitig steigt dadurch aber auch das Risiko für Kreditausfälle. Also ein klassischer Fall von Rendite vs. Risiko.

Der Inkasso-Prozess

Sobald ein Kreditnehmer entsprechende Zahlungsrückstände aufweist, beginnt der Inkasso-Prozess mit der Rückgewinnung der ausstehenden Forderungen. Auch hier gehen die Unternehmen höchst unterschiedlich vor. Während manche P2P-Plattformen den Inkasso-Prozess direkt betreiben, verkaufen hingegen andere Unternehmen die ausstehenden Forderungen an externe und spezialisierte Inkasso-Büros. Bilanziell werden diese Kredite dann als Non-Performing Loans (NPL) abgeschrieben.

Bei der estnischen P2P-Plattform Bondora wird der Rückgewinnungsprozess zum Beispiel in Eigenregie betrieben. Ein Darlehen gilt hier als im Zahlungsverzug, wenn der überfällige Betrag mehr als zwei Monatszahlungen beträgt. Der danach folgende Prozess der Rückgewinnung gliedert sich dabei in drei Stufen.[46] In der ersten Phase gibt es das betriebseigene Forderungsmanagement für jene Kredite, die sich zwischen einem und 74 Tagen in Zahlungsverzug befinden. Hier gibt es sowohl regelmäßige Mahnungen und auch eine Eintragung in das Schuldenregister.

Die zweite Stufe beginnt ab 75 Tagen Zahlungsverzug. Hier werden die Details an das Gericht weitergeleitet und der Fall wird automatisch per Zahlungsauftrag oder Zivilklage eingereicht. In der dritten und letzten Stufe, ab einem Zahlungsverzug von über 200 Tagen, kommt der Gerichtsvollzieher ins Spiel. Dieser versucht nun Zahlungen aus dem Einkommen und dem Vermögen des Kreditnehmers abzurufen.

Das Gegenbeispiel bilden P2P-Plattformen wie TWINO oder VIAINVEST. Hier werden Kreditforderungen an externe Schuldeneintreiber (Inkasso-Unternehmen) ab einem Zahlungsrückstand von 90 Tagen weitergeleitet. Die Inkasso-Partner unterschieden sich dabei von Land zu Land.

Damit die Auswirkungen von erwarteten Kreditausfällen in der Gewinn- und Verlustrechnung des Unternehmens berücksichtigt werden, bilden die Konzerne Wertberichtigungen für zweifelhafte Kredite (Engl.: allowances for doubtful loans). Dieser werden auf der Grundlage von Erfahrungswerten der kreditgebenden Unternehmen sowie auf Basis von Statistiken über die Ausfallhistorie der Kreditnehmer berechnet.

Diversifikation

Um das Kredit-Ausfallrisiko zu senken, besitzen Privatanleger beim Investieren zwei Möglichkeiten:

1. Konzentration auf wenige und einzelne Kredite
2. Breite Streuung und Diversifikation über mehrere Kredite hinweg

Ab wann lohnt sich welcher Ansatz und was gilt es hier zu berücksichtigen?

Was (unbesicherte) Konsumkredite angeht, so gleicht es fast schon einem Besuch im Casino, um hierbei mit einer konzentrierten Strategie die richtigen Anlageentscheidungen zu treffen. Bei Kreditarten mit zu analysierenden Sicherheiten kann es hingegen schon deutlich anders aussehen, wobei auch hier die Frage nach dem Zeiteinsatz und den Opportunitätskosten gestellt werden muss. Denn mehr Zeit bedeutet zwangsläufig auch weniger Rendite. Ganz abgesehen davon, dass es auch bei einem konzentrierten Ansatz keine absolute Sicherheit bei der richtigen Kreditauswahl geben kann und wird.

Allein deshalb ist eine breite Streuung und ein diversifizierter Ansatz bei der Kreditauswahl schon fast unumgänglich.

Diversifikation ist als Element der Risikostreuung beziehungsweise der Risikominimierung weit verbreitet und findet auch bei anderen Anlageklassen Anwendung. In der Geldanlage wird die Diversifikation häufig als der wichtigste Baustein zum Erreichen langfristiger (finanzieller) Ziele bei gleichzeitiger Risikominimierung angesehen.

Oder um es mit einem berühmten Zitat der Investoren-Legende Warren Buffet auszudrücken: „Don’t put all your eggs in one basket.“

Auf Deutsch: Lege nicht alle Deine Eier in einen Korb. Denn fällt dieser herunter, sind alle Eier kaputt.

Da die meisten P2P-Plattformen einen Auto-Invest anbieten, wodurch das Geld automatisiert in mehrere Kredite investiert werden kann, ist der Ansatz einer breiten Streuung ohne größeren Einsatz oder Aufwand gewährleistet.

Ab wann ein Kreditportfolio ausreichend diversifiziert ist

Eine breite Diversifikation auf Kreditebene anzuwenden, ist in der Regel kein Problem. Die Frage, die man sich stellen könnte, wäre, ab wann ein Kreditportfolio genug und ausreichend diversifiziert ist.

Hierzu gibt es spannende Studien, die diesen Aspekt unter quantitativen Gesichtspunkten analysiert haben. Eine Studie der Lend Academy[47] hat zum Beispiel ergeben, dass Anleger, die ihr Portfolio auf mindestens 800 verschiedene Kredite aufgeteilt haben, nicht mehr in der Lage waren, eine negative Rendite zu erzielen.

Wenn wir also von einem theoretischen Mindestanlagebetrag von zehn Euro ausgehen, so wie bei vielen P2P-Plattformen mit Fokus auf Konsumkrediten üblich, bedeutet das, dass man mindestens 8.000 Euro für ein breit diversifiziertes Kreditportfolio anlegen muss.

Auch auf der US-amerikanischen P2P-Plattform Prosper Marketplace wurde die Performance des Kreditportfolios im Zeitraum von Juli 2009 bis Juli 2011 analysiert.[48] Dabei kam heraus, dass je weniger Kredite man finanziert hatte, desto höher waren die Ausschläge für die Rendite bei den Investoren – sowohl in positiver wie auch in negativer Hinsicht.

Mit zunehmender Anzahl an Krediten verengte sich der Korridor jedoch zunehmend in beide Richtungen. Im Vergleich zur Studie der Lend Academy genügten hier bereits Investition in mindestens 500 Kredite, um keine negative Rendite mehr zu erzielen.

Übertragen auf diese zwei Beispiele bedeutet das, dass, egal nach welchen Kriterien man seine Kredite gefiltert hätte, man bei einer gewissen quantitativen Anzahl an Darlehen keine negative Rendite mehr erzielen konnte. Das Gesetz der großen Zahl kann hierbei also getrost angewandt werden.

Diversifikationsgrad berechnen

Eine in diesem Zusammenhang weitere Kennzahl, von der Investoren gehört haben sollten, ist der Diversifikationsgrad. Dieser schließt sich an die quantitative Bewertung des Kreditportfolios an, da Anleger hierbei ermitteln können, wie kleinteilig deren Kreditportfolio aktuell diversifiziert ist.

Der Diversifikationsgrad berechnet sich, indem man einfach den Kehrwert der insgesamt investierten Kreditbeteiligungen bildet.

Wer zum Beispiel 2.000 Euro in 80 Kreditprojekte mit jeweils 25 Euro investiert, der bildet den Kehrwert von 80 und erhält einen Diversifikationsgrad von 1,25 Prozent (1/80 = 0,0125). Zwar ist der Diversifikationsgrad nur eine sehr oberflächliche Kennzahl, da dieser ausschließlich Quantität berücksichtigt, allerdings sollten Anleger dennoch darauf achten. Am Anfang sollte man zumindest in 100 unterschiedliche Kredite investieren, um dadurch einen Diversifikationsgrad von unter 1 zu erzielen.

Sinn und Unsinn der Rückkaufgarantie

Um Privatanlegern die Angst vor möglichen Kreditausfällen zu nehmen, haben in den letzten Jahren eine Vielzahl von Unternehmen mit einer sogenannten *Rückkaufgarantie* (engl.: buyback guarantee oder buyback obligation) geworben.

Die Rückkaufgarantie ist das Versprechen einer P2P-Plattform, dass sobald sich Kredite in einem fortgeschrittenem Zahlungsrückstand befinden, meistens zwischen 30 bis 60 Tagen, der offene und ausstehende Kreditbetrag an die Investoren, meistens auch mit inkludierten Verzugszinsen, zurückgezahlt wird.

Auf den ersten Blick scheint diese Art der Rückkaufgarantie als ein Instrument der Risikoabsicherung sehr zum Vorteil aus Sicht der Investoren zu sein. Bei der jährlich von VIAINVEST durchgeführten Investoren-Umfrage[49] haben 2018 immerhin 95 Prozent der Teilnehmer angegeben, dass diese die Rückkaufgarantie des Konzerns als wichtigstes Merkmal der Plattform ansehen.

Doch was auf den ersten Blick eine gute Idee zu sein scheint, weil somit das Kreditrisiko für den Anleger vermeintlich eliminiert wird, kreiert hingegen die Illusion, dass keine Kreditausfälle existieren würden und diese sich nicht auch negativ für den Investor auswirken könnten. Doch am Ende sind Ausfälle im Kreditgeschäft genauso real wie auch die Konsequenzen, die sich daraus für die kreditgebenden Unternehmen ergeben. Alles was passiert, ist, dass durch die Rückkaufgarantie nur eine vordergründige Haftungsverschiebung vorgenommen wird, die im Hintergrund dennoch auf den Anleger zurückfallen kann.

Ein prominentes Beispiel dafür sind die Vorfälle bei der Finko Gruppe.[50] Der Nichtbanken-Kreditgeber, der im März 2020 mit einem ausstehenden Kreditvolumen von 97 Mio. Euro noch der größte Anbieter auf dem Mintos-Marktplatz gewesen ist, hatte sehr offensiv mit einer Konzern-Rückkaufgarantie geworben und damit vermeintlich existierende Sicherheiten für die Investoren suggeriert.[51]

Doch durch die Lizenzentzüge in einzelnen Ländern und die Einflüsse der Corona-Pandemie entschied das Unternehmen – zusammen mit Mintos –, dass es besser sei, einen langjährigen Rückzahlungsprozess zu vereinbaren[52], anstatt durch die Liquidierung von Vermögenswerten der versprochenen Rückkaufgarantie nachzukommen.

Deshalb sollten die beworbenen Rückkaufgarantien als das angesehen werden, was sie am Ende auch sind; nämlich klassische Marketing-Instrumente, durch welche P2P-Plattformen versuchen, neue Investoren zu gewinnen.

Auf der anderen Seite bedeutet das aber nicht zwangsläufig, dass alle Rückkaufgarantien auch gleichzeitig schlecht und nur leere Versprechungen sind.

Es gibt auch zahlreiche positive Beispiele, wo die Rückkaufgarantie schon seit mehreren Jahren erfolgreich praktiziert wird und wo es die Unternehmen schaffen, die erwirtschafteten Gewinne aus dem Kreditgeschäft für die Deckung der Rückkaufgarantie einzusetzen.

Wichtig ist aus Investoren-Sicht, dass man diese Rückkaufgarantie versucht realistisch zu bewerten und einzuordnen. Denn am Ende ist diese Garantie nur so viel wert und so sicher, wie die wirtschaftliche Lage desjenigen, der sie verspricht.

Die P2P-Plattformrisiken

Neben dem Ausfallrisiko von Krediten gibt es noch zahlreiche weitere Risikofaktoren, die es für Privatanleger zu beachten gilt. In diesem Abschnitt soll es um eine Reihe von unterschiedlich stark gewichteten Plattformrisiken gehen, die man als Investor bei einer Risikoanalyse näher betrachten sollte.

1. Regulierung

Ob eine P2P-Plattform reguliert und somit gleichbedeutend von einer staatlichen Finanzaufsichtsbehörde kontrolliert und überwacht wird, ist eine der wichtigsten Fragen im Hinblick auf die Sicherheit eines Unternehmens. Falls vorhanden, bedeutet das zwar nicht automatisch eine absolute Sicherheit für den Investor, jedoch sinkt dadurch die Wahrscheinlichkeit um ein gutes Stück, dass man betrügerischen Unternehmen auf den Leim geht.

In Litauen, wo es beispielsweise schon seit einigen Jahren ein klares Regelwerk für die Online-Kreditvergabe zwischen Privatpersonen gibt, werden die dort ansässigen P2P-Plattformen durch die litauische Zentralbank kontrolliert und überwacht. Bei einem Besuch in der litauischen Hauptstadt Vilnius[53] im November 2019 konnte ich mich sogar persönlich mit der Direktorin Jekaterina Govina austauschen und einen Einblick in die Arbeits- und Funktionsweise der Zentralbank bekommen.[54]

In Lettland wird hingegen seit 2019 der Lizensierungsprozess für die dort ansässigen P2P-Plattformen vorangetrieben. Die Investment Brokerage Firm Lizenz[55], für deren Erhalt sich die Unternehmen aktuell bewerben müssen, soll voraussichtlich noch im Jahr 2021 einem Großteil der Plattformen ausgestellt werden. Das Kontrollorgan bildet dabei die nationale Aufsichtsbehörde Financial and Capital Market Commission[56], kurz FCMC.

In Deutschland, wo für das P2P-Kredite-Geschäftsmodell eine Bankenlizenz zur Zahlungsabwicklung notwendig ist, untersteht man damit automatisch der Kontrolle der BaFin.

2. Electronic Money Institution Lizenz

Neben der Regulierung durch eine staatliche Behörde, welche den Rahmen bei der potenziellen Ausübung unethischer Geschäftspraktiken massiv einengt, ist die Trennung von Investoren- und Unternehmensgeldern sicherlich der zweiwichtigste Faktor beim Thema Sicherheit.

Denn nur durch eine saubere und kontrollierte Trennung beider Zahlungsströme kann eine Veruntreuung von Investorengeldern – so wie diese zum Beispiel 2015 bei der schwedischen P2P-Plattform TrustBuddy aufgedeckt wurde[57] – ausgeschlossen werden.

Kann dieser unerlaubte Zugriff durch eine P2P-Plattform verhindert werden? Ja. Zum Beispiel durch den Erhalt einer Electronic Money Institution Lizenz, wodurch das Geld bei einer staatlichen Zentralbank verwahrt wird und den Investoren individuelle IBAN-Nummern zugeteilt werden. Alternativ könnte man auch, wenn man die Lizenz nicht unmittelbar selbst erwerben möchte, mit einem externen Zahlungsdienstleister zusammenarbeiten, der eine Lizenz dieser Art unterhält.

3. Zwei-Faktor-Authentisierung

Auch das Thema der IT-Sicherheit gewinnt zunehmend, besondere im Hinblick auf den Schutz der eigenen Finanzen, an Bedeutung. Die Zwei-Faktor-Authentisierung, kurz 2FA, wurde 2018 durch die EU-Zahlungsdiensterichtlinie[58] verpflichtend für das Bankwesen im Europäischen Wirtschaftsraum eingeführt. Mit einigen Ausnahmen gehört die 2FA mittlerweile auch zum Standard bei den meisten P2P-Plattformen, die somit einen zusätzlichen Schutz für die Accounts ihrer Investoren anbieten.

4. Transparenz und Zugang zu Dokumenten

Das Thema Transparenz ist ein zentraler Faktor, wenn P2P-Plattformen das Vertrauen von Investoren gewinnen wollen.

Dazu gehört, neben einer aktiven und nachhaltigen Kommunikationspolitik zu den aktuellen Entwicklungen, auch das regelmäßige Veröffentlichen von geprüften Jahresabschlüssen oder die Möglichkeit, eigene Analysen zur Qualität des Kreditportfolios vorzunehmen.

Gleichzeitig sollte es für Investoren auch ohne weitere Probleme möglich sein, permanent einen Zugriff zu den wichtigsten Vertragsdokumenten, wie den AGB, den Nutzungsvereinbarungen, Forderungsrechten, Pfandrechten und ggf. auch Garantien, zu erhalten.

Die Lektüre solcher Dokumente ist zwar nicht vergnügungssteuerpflichtig, allerdings ermöglichen uns diese Dokumente, einen Einblick in die eingegangenen Geschäftsbeziehungen zu bekommen und mögliche Ungereimtheiten festzustellen.

5. Interessenskonflikte

Enge Verbindungen zwischen einzelnen Unternehmen können durchaus förderlich sein, da ein vermeintlich gemeinsames Interesse im Vordergrund steht. Doch wenn Unternehmen miteinander zusammenarbeiten, bei denen es auf Gesellschafterebene starke Überschneidungen gibt, dann sollten diese durchaus kritisch und aufmerksam beobachtet werden.

In der Regel schaffen Interessenskonflikte Abhängigkeiten, die in der Mehrzahl zum Nachteil der Investoren ausfallen. Besonders im Jahr 2020 sind auf dem Mintos-Marktplatz mehrere Entscheidungen bei Kreditgebern getroffen worden, die das vermeintliche Interesse der Investoren erst an zweiter Stelle berücksichtigt haben.[59]

6. Einschränkungen beim Zugriff auf die Plattform

In der Vergangenheit sind einige P2P-Plattformen dadurch aufgefallen, dass potenzielle Investoren, die aus dem Herkunftsland dieser Unternehmen kamen, nicht in der Lage waren, auf die entsprechende Webseite zuzugreifen.

Dies ist ein ganz klares Warnsignal, welches von Privatanlegern berücksichtigt werden sollte. Auf Seiten wie GeoPeeker[60] oder LocaBrowser[61] ist es relativ einfach möglich, sich die Webseiten von ausländischen IP-Adressen aus anzusehen.

7. Ungereimtheiten in der Vergangenheit

Eine kurze Online-Recherche genügt bereits, um sich zu jeder Plattform im Hinblick auf Ungereimtheiten in der Vergangenheit zu informieren. Manchmal sind die Zusammenhänge offensichtlich, manchmal weniger.

Fakt ist jedoch, dass sobald wichtige Personen aus dem Management oder bei den Gesellschaftern in Probleme verstrickt gewesen sind, die nicht erklärt werden konnten oder unangenehmen Fragen ausgewichen wurde, der Investor äußerst vorsichtig im Umgang mit jenen Plattformen sein sollte.

8. Plötzliche Veränderungen der AGB oder Nutzungsbedingungen

Es ist nicht ungewöhnlich, dass Unternehmen hin und wieder ihre AGB oder Nutzungsbedingungen anpassen. Doch man sollte genauer hinsehen, wenn wahllos die Spielregeln für die Investoren angepasst und verändert werden. Ein sehr extremes Beispiel ist in diesem Zusammenhang die Anpassung bei der Zeitplanverlängerung auf Mintos im Jahr 2020[62], wodurch Investoren plötzlich mit ihrem Geld für die Liquidität der Kreditgeber haften mussten, entgegen vorherigen Nutzungsbedingungen.

Diese Maßnahmen deuten darauf hin, dass sich diese Unternehmen in einem unregulierten Umfeld aufhalten, in dem solche Anpassungen ohne weiteres möglich sind. Wenn es in der Vergangenheit bereits zu solchen Veränderungen kam, wodurch sich negative Konsequenzen für die Investoren bemerkbar gemacht haben, sollten Investoren Vorsicht walten lassen.

9. Sinnlose Garantien oder unbekannte Versicherer

Wie bei der Rückkaufgarantie bereits ausgeführt, sollten beworbene Garantien oder Versprechen immer mit Vorsicht genossen werden.

Hierfür können aus jüngerer Vergangenheit gleich zwei Beispiele herhalten.

Zum einen die Plattform Wisefund, die sehr lange Zeit mit einer Rückkaufgarantie von einer Drittpartei aus Hongkong geworben hatte. Doch dieser Gläubiger, die sogenannte „Best Treasure Limited", ist im Prozess des Frühjahrs 2020 ebenso schnell im Nirvana verschwunden wie auch die Crowdfunding-Plattform selbst.

Gleiches war auch bei dem Unternehmen Monethera zu beobachten, das sich mit einer Rückkaufgarantie durch die „RICHLY PACIFIC INTERNATIONAL LIMITED" vermarktet hatte. Mittlerweile haben sich jedoch beide Unternehmen wieder aufgelöst.

Die Marktrisiken

Im vorherigen Abschnitt ging es um eine Reihe von unterschiedlichen Plattformrisiken, auf die es für Privatanleger zu achten gilt. Ein weiterer Faktor, der in diesem Kapitel etwas ausführlicher dargestellt werden soll, sind die sogenannten Marktrisiken.

Unter Marktrisiken versteht man Einflussfaktoren, die sich als Konsequenz unmittelbar auf die Umsätze eines Unternehmens, die Wirtschaftlichkeit oder die Performance des Kreditportfolios auswirken können. Dazu gehören unter anderem das Länderrisiko, das Zinssatzrisiko, das Liquiditätsrisiko oder das Wechselkursrisiko.

Für die P2P-Plattformen lautet das Ziel des Marktrisikomanagements, dass die einzelnen Faktoren innerhalb akzeptabler Parameter minimiert werden, kontrolliert werden und gleichzeitig die Risikorendite optimiert wird. Wie das konkret umgesetzt wird und wie die einzelnen Marktrisiken ausgeprägt sind, darum geht es in diesem Kapitel.

Das Länderrisiko

Unter dem Länderrisiko versteht man das Risiko, welches im Zusammenhang mit den Gesetzesänderungen in den einzelnen Ländern steht und welches sich somit auf die betroffenen Transaktionen des Konzerns auswirken kann.

Ein Beispiel hierfür sind die aktuellen Lizensierungsvorschriften für P2P-Plattformen in Lettland.[63] Der Gesetzgeber hat hierbei im Jahr 2020 einen Gesetzesentwurf vorgelegt, welcher vorsieht, dass der lettische P2P-Sektor für diese Art der kommerziellen Aktivitäten in Zukunft eine Lizenz benötigt.

Dafür müssen sich die P2P-Plattformen entweder um den Erhalt einer Bankenlizenz bemühen, was aufgrund der hohen Eigenkapitalanforderungen von 5 Mio. Euro jedoch von der Mehrheit nicht angestrebt wird, oder aber um eine Investment Brokerage Firm Lizenz.

Sowohl für den Erwerb als auch für den Erhalt dieser Lizenz, müssen die P2P-Plattformen einiges an Bedingungen und Voraussetzungen erfüllen. Dazu gehören unter anderem:

- Die Einbringung individueller Eigenkapitalanforderungen (von 125.000 Euro bis 730.000 Euro, je nach Stufe und Umfang der IBF-Lizenz)
- Vorschriften zur Durchführung strengerer Anti-Money-Laundering und Know-Your-Customer Anforderungen
- Regelmäßige Veröffentlichungen von geprüften Jahresabschlüssen

Um diese Anforderungen zu erfüllen, bedingt es wiederum der Bereitstellung von Ressourcen wie IT-Kapazitäten oder Fachkräften, die hierfür allokiert werden müssen. Die lettische P2P-Plattform Debitum Network geht hierbei nach einer eigenen Schätzung von einem finanziellen Mehraufwand von ca. 50.000 Euro pro Jahr aus.

Um Veränderungen bei der Gesetzgebung zu begegnen, müssen sich die P2P-Plattformen regelmäßig mit der Situation in den jeweiligen Ländern befassen und entsprechend reagieren, will man die Geschäftstätigkeit und den Fortbestand des Unternehmens insgesamt – oder in einzelnen Ländern – nicht gefährden.

Das Zinssatzrisiko

Unter dem Zinssatzrisiko versteht man, dass regulatorisch bedingte Veränderungen bei den Zinssätzen einen unmittelbaren Einfluss auf die zukünftigen Erträge eines Unternehmens besitzen können. Auch Beschränkungen bei den maximal einzufordernden Gebühren können hierbei mit umfasst werden.

Diese rechtlich festgelegten Obergrenzen, beziehungswiese Zinssatzbeschränkungen (engl.: interest rate restriction; kurz: IRR), haben sich in den letzten Jahren weltweit, sowohl in den Industrieländern als auch in den Entwicklungsländern, immer mehr durchgesetzt.

Besonders in Europa gibt es einen klaren Trend hin zur Verwendung von Zinssatzbeschränkungen, um somit unverhältnismäßig hoch verzinste Darlehen zu kontrollieren und zu beschränken. Das zentrale Motiv dabei ist der Schutz der Verbraucher, also der Kreditnehmer.

Aktuell besitzen 21 der 28 EU-Mitgliedsstaaten eine Art Zinssatzobergrenze für Kredite[64], wozu auch die drei größten Volkswirtschaften der Europäischen Union gehören: Deutschland, Frankreich und Italien.

Hier sind ein paar aktuelle Beispiele für Zinssatzbeschränkungen im europäischen Raum:

In Deutschland hat der Bundesgerichtshof die Vermutung aufgestellt, dass es den guten Sitten widerspricht, wenn der effektive Jahreszins (engl.: annual percentage rate, kurz APR; tatsächliche Kosten eines Darlehens, inkl. Gebühren) das Doppelte des von der Aufsichtsbehörde BaFin berechneten Marktzinssatzes übersteigt. Insofern kann der maximale Zinssatz stetig durch neue Vorgaben der Aufsichtsbehörde festgelegt werden.

In Finnland wurde hingegen zum 1. Juni 2013 eine Zinsobergrenze für Konsumentenkredite unterhalb von 2.000 Euro eingeführt.[65] Bei dieser Maßnahme, deren Einhaltung von der finnischen Zentralbank kontrolliert wird, darf die jährliche Zinsrate von Konsumentenkrediten nicht höher als 50 Prozent von der Referenzrate sein, die von der europäischen Zentralbank vorgegeben wird.

In Estland wird bereits seit 2009 eine Zinssatzbeschränkung angewandt. Der maximale Zinssatz darf hierbei höchstens dreimal so hoch wie die durchschnittliche Zinsrate von unbesicherten Konsumentenkredite sein, die halbjährlich von der Zentralbank Estlands veröffentlicht wird.

Da diese Maßnahme im Verlauf der Jahre jedoch als nicht ausreichend genug eingeschätzt worden war, verabschiedete man 2015 weitere Gesetze, die unter anderem auch die Bewerbung zu einer Kreditgeber-Lizenz beinhaltete. Mehr als ein Jahr später hatte sich die Anzahl der Nichtanken-Kreditgeber von 123 auf 39 reduziert.[66]

In Lettland sind zum 1. Juli 2019 ebenfalls gesetzliche Anpassungen vorgenommen worden, die einen massiven Einschnitt für Anbieter von Kurzzeitkrediten bedeutet haben. Gemäß den neuen Vorgaben sind die Gesamtkosten eines Verbraucherdarlehens auf 0,07 Prozent der Kreditsumme pro Tag begrenzt worden.

Zudem darf der Kreditbetrag nicht mehr als 50 Prozent des bundesweiten Mindestlohns übersteigen, wenn dieser für einen Zeitraum von bis zu 30 Tagen ausgestellt wird und in einer Rate zurückgezahlt werden soll.[67] Im Klartext bedeutet das, dass die maximale Provision für ein Darlehen von 100 Euro, das für einen Zeitraum von 30 Tagen ausgestellt wird, nur noch maximal 2,10 Euro betragen darf.

Als Folge mussten viele Nichtbanken-Dienstleister, die sich auf das Segment der kurzfristigen Konsumkredite konzentriert hatten, ihre Geschäftstätigkeiten einstellen. Andere Kreditgeber konnten jedoch indirekt von diesen Maßnahmen profitieren, indem diese neue Kreditarten wie die Credit Line eingeführt hatten.[68]

In diesem Fall entscheidet sich der Kreditnehmer erst innerhalb von 30 Tagen, ob er den Kreditbetrag innerhalb der 30 Tage tilgen oder das Darlehen in flexiblen Monatsraten bedienen will. Eine im Vorfeld festgelegte Kreditlaufzeit, die von der neuen Regulierung betroffen gewesen wäre, gibt es somit nicht.

Das Liquiditätsrisiko

Unter dem Liquiditätsrisiko versteht man die Gefahr, dass beim Begleichen fälliger Zahlungen, sowohl kurz- als auch langfristig, keine ausreichend benötigten Zahlungsmittel zur Verfügung stehen. Die Aufrechterhaltung eines ausreichenden Liquiditätsniveaus gilt daher als zentrale Aufgabe und Herausforderung, um diesem Risikofaktor zu begegnen.

Bei einer P2P-Plattform, welche Kredite direkt finanziert, besteht das Liquiditätsrisiko einerseits auf der Ebene als kreditgebendes Unternehmen, da sichergestellt werden muss, dass den Kreditnehmern fortlaufend Kredite zur Verfügung gestellt werden können.

Andererseits muss beachtet werden, dass auch den Auszahlungsansprüchen der auf den P2P-Plattformen vertretenen Investoren nachgekommen werden kann.

Hierbei zeigte sich insbesondere der Liquiditätsengpass im März und April 2020 als eine echte Bewährungs- und Belastungsprobe für viele P2P-Plattformen. Da zu dieser Zeit viele Investoren ihr Geld von den P2P-Plattformen abziehen wollten, konnten nicht alle Auszahlungsanforderungen sofort bearbeitet werden.

Bei Bondora Go & Grow, einem Anlageprodukt, welches sehr stark mit Liquidität und einer tägliches Verfügbarkeit des Kapitals wirbt, mussten von März 2020 bis Anfang Juni 2020 Teilauszahlungen eingeführt werden.[69]

Dem konsolidierten Finanzbericht der TWINO Gruppe[70] konnte man hingegen entnehmen, dass die Investoren auf der P2P-Plattform im Zeitraum März und April 2020 4,2 Mio. Euro mehr an Geld abgezogen als neu eingezahlt haben. Im Interview mit Anastasia Oleinika[71], dem TWINO CEO, verriet diese, dass in diesen beiden Monaten ca. 30 Prozent der Mittelrückflüsse von den Investoren abgezogen wurden. Wenn es in diesem Zeitraum nahezu 100 Prozent gewesen wären, hätte Twino darüber nachgedacht, den Auszahlungsprozess zu adjustieren, um dadurch die weitere Liquidität des Unternehmens nicht zu gefährden.

Kontrolliert wird das Liquiditätsrisiko insofern, als dass die Unternehmen eine Reihe von Analysen und Cashflow-Prognosen bezüglich der Fälligkeitsstruktur bei den Vermögenswerten und den Verbindlichkeiten erstellen.

Das Wechselkursrisiko

Zu guter Letzt sollte auch das Wechselkursrisiko erwähnt werden, bei dem Verluste aufgrund von unerwarteten Wechselkursschwankungen entstehen können. Betroffen sind hierbei natürlich nur Unternehmen, die auch Transaktionen außerhalb ihrer funktionalen Währung abschließen.

Da im Jahr 2020 viele Währungen sehr stark im Vergleich zum Euro (EUR) abgewertet wurden – vom russischen Rubel (RUB), der türkischen Lira (TRY) bis hin zu den kasachischen Tenge (KZT), die bspw. allesamt mehr als 30 Prozent an Wert verloren haben – bleibt die Frage nach dem Umgang mit solchen Risiken seitens der P2P-Plattformen offen.

Für das Währungsrisikomanagement können die Unternehmen zwei Wege gehen:

Auf der einen Seite gibt es die Möglichkeit, dass das Unternehmen versucht, die Umsätze und die Kosten in der gleichen Währung auszugleichen. Anstatt also einen Währungswechsel zu vollziehen, zum Beispiel aufgrund einer benötigten Dividendenausschüttung, verbleibt das Geld in der Fremdwährung und wird dort für die weiteren Investitionen verwendet. Eine Voraussetzung dafür ist, dass das Geld nicht unmittelbar vom Unternehmen in der Heimatwährung benötigt wird. In diesem Fall kann also versucht werden, Wechselkursschwankungen auszusitzen.

Auf der anderen Seite können Unternehmen, die in ausländischen Märkten engagiert sind, ihr Wechselkursrisiko auch mit einem Währungsswap absichern (Hedging). Diese Absicherung durch Terminkontrakte wird unter anderem häufig bei Fonds und ETFs eingesetzt, die somit dem Währungsrisiko begegnen wollen.

Hierbei ermöglicht ein Währungsterminkontrakt (Devisentermingeschäft) einem Unternehmen, den Preis, den es für eine Währung bereit ist zu zahlen, festzuschreiben.

Der Kontrakt schützt somit den Wert des Portfolios, wenn die Währung durch die Wechselkurse an Wert verliert. Da durch Terminkontrakte auch Kosten entstehen, müssen diese im Vergleich zum Währungsrisiko bewertet und abgewogen werden.

P2P-Kredite in einer Wirtschaftskrise

Eine der wichtigsten und gleichzeitig interessantesten Fragen im P2P-Risikokontext lautet, wie sich P2P-Kredite in einer Phase der Rezession beziehungsweise in einer globalen Wirtschaftskrise verhalten und abschneiden werden.

Gleich vorweg: Globale und vernetzte Wirtschaftszusammenhänge zu erkennen, ist sehr komplex. Da ich selbst weder ein Ökonom noch ein Volkswirt bin, fällt es mir schwer, hierbei verlässliche und valide Aussagen darüber zu treffen, welche Folgen eine Rezession für das P2P-Marktumfeld haben könnte.

Zweifelsohne wird ein wirtschaftlicher Abschwung Auswirkungen auf das Kreditgeschäft haben und auch die P2P-Plattformen selbst können in unterschiedlicher Art davon betroffen sein. Aber wie diese Konsequenzen ganz konkret aussehen werden, das lässt sich wohl nur mit einer Glaskugel und oder hellseherischen Fähigkeiten herausfinden.

Dennoch möchte ich in diesem Kapitel ein paar Impulse liefern, wie sich eine globale Rezession auf den P2P-Sektor auswirken könnte und worauf man als Privatanleger schauen sollte.

Abgrenzung der Begriffsdefinition: Wirtschaftskrise = Rezession?

Ein wirtschaftlicher Abschwung hat ebenso viele Facetten wie auch Begrifflichkeiten. Nicht selten spricht man in diesem Kontext von einem Crash, einer Wirtschaftskrise oder einer Rezession. Aber ist das am Ende immer das Gleiche?

Um das Thema „P2P-Kredite in einer Wirtschaftskrise" näher abzugrenzen, zunächst ein genauerer Blick auf die Definition und die Kennzeichen eines wirtschaftlichen Abschwungs.

In der Volkswirtschaftslehre bezeichnet man eine Wirtschaftskrise als „Phase einer deutlich negativen Entwicklung des Wirtschaftswachstums". So allgemein, so gut.

Bezogen auf die wirtschaftliche Konjunktur[72] unterscheidet man diese Phase nach drei Ausprägungen:

1. Die Stagnation
2. Die Rezession
3. Die Depression

Berücksichtigt werden hierbei jeweils makroökonomische Variablen und deren Ausprägungen. Dazu gehören zum Beispiel das Preisniveau, die Beschäftigung oder die Kapitalströme.

Gemäß einer der am häufigsten verbreiteten Definition liegt eine Rezession dann vor, wenn die Wirtschaft in zwei aufeinanderfolgenden Quartalen im Vergleich zu den Vorquartalen nicht wächst oder einen Rückgang verzeichnet. Die dafür herangezogene Kennzahl ist das Bruttoinlandsprodukt, kurz BIP.

Differenzierung von Ländern und Sektoren

Wenn eine Wirtschaftskrise einsetzt, dann kann diese nicht nur unterschiedlich stark ausgeprägt sein, auch die geographische Ausbreitung kann dabei variieren. Handelt es sich um eine globale Banken- und Finanzkrise, so wie diese zuletzt im Jahr 2008 zu beobachten gewesen war, oder sind vielleicht nur wenige und einzelne Volkswirtschaften betroffen?

Eine Differenzierung ist in diesem Hinblick zwar wichtig, vielleicht aber gar nicht so entscheidend. Denn selbst bei einer globalen Rezession wird es immer auch Länder geben, die am Ende weniger betroffen sein werden als andere.

Daher sollte der Fokus nicht unbedingt immer auf eine große und globale Krise gelegt werden, sondern auf die einzelnen Länder, in denen sich vorzugsweise auch die Kreditnehmermärkte befinden. Schließlich ist die Performance der Kredite ein entscheidendes Kriterium für die Bewertung einer P2P-Plattform. Wenn sich die Kreditausfälle in Grenzen halten und die Rendite weiterhin stabil bleibt, lässt sich daraus viel Vertrauen bei den Investoren gewinnen.

Dasselbe gilt aus meiner Sicht nicht nur bei den Kreditnehmerländern, sondern auch bei den Kreditarten. Verbraucher-, Immobilien- oder Geschäftskredite besitzen allesamt unterschiedliche Ausprägungen und werden daher auch unterschiedlich stark in einer Phase der Rezession betroffen sein.

Bei Verbraucherkrediten ist der Zusammenhang relativ offensichtlich und naheliegend. Kommt es zu einer Rezession, könnte sich dadurch auch die Arbeitslosenquote und damit einhergehend auch die Wahrscheinlichkeit von Kreditausfällen bei den P2P-Plattformen erhöhen.

Bei Geschäftskrediten können gleich mehrere Faktoren zusammenkommen. Zum einen kann eine Rezession dazu führen, dass weniger Kunden kaufen und dadurch weniger Aufträge für ein Unternehmen entstehen. Auch Investoren und Kapitalgeber könnten eventuell vorsichtiger bei weiteren Investitionen sein.

Fehlt das Kapital zur Fortführung des Unternehmens, kommt es womöglich zu Insolvenzen und die Rückzahlung der Kredite steht in Gefahr. Gleichbedeutend kann die erhöhte Nachfrage nach neuen Krediten auch eine Chance bedeuten, um weitere Darlehen von temporär strauchelnden Unternehmen zu finanzieren.

Auch Immobilienkredite sollten differenziert betrachtet werden. Zwar gibt es hierbei vermeintliche Sicherheiten durch den Beleihungswert (LTV), jedoch kann ein wirtschaftlicher Abschwung immer auch zu einem Rückgang bei den Immobilienpreise führen. Erst recht, wenn die Bewertung deutlich über dem tatsächlichen Marktwert gelegen hat (Blasenbildung). Kommt es bei den Kreditnehmern zu einem Engpass bei der Liquidität und die Objekte müssen ggf. verkauft werden, wird sich zeigen, wie realistisch die Sicherheitswerte eingestuft worden sind und ob die Immobilienobjekte gewinnbringend verkauft werden können.

Das Kreditgeschäft von Lending Club in der Finanzkrise 2008

Eine der größten Schwierigkeiten, um die Auswirkungen von globalen Wirtschaftskrisen auf das P2P-Umfeld zu beurteilen, ist die vergleichsweise kurze Historie dieser Anlageklasse.

Denn während die Finanzkrise 2008 einsetzte, gab es nur eine gute Hand voll P2P-Plattformen, welche diese Zeit mit- und durchgemacht haben. Dazu zählen unter anderem Zopa aus Großbritannien (2004) sowie Prosper Marketplace (2005) und Lending Club (2006) aus den USA.

Es gibt im Internet jedoch zwei Online-Blogs, die sich die Zahlen und die Performance vom US-Anbieter Lending Club während der Finanzkrise etwas genauer angesehen haben. Beide kommen dabei zu dem Ergebnis, dass es für Anleger möglich gewesen wäre, in diesem Zeitraum eine positive Rendite zu erzielen und dass besonders die Kreditnehmer mit einer besseren Bonität für die positive Performance verantwortlich waren.

Auf dem ersten Blog[73] wurde der Zeitraum von Dezember 2007 bis Juli 2009 ausgewertet. Der durchschnittliche Return lag hier für Anleger bei 1,84 Prozent, bei einer durchschnittlichen Kreditverzinsung in Höhe von 12,54 Prozent.

Am besten hat dabei das konservativste Rating mit einem ROI von 4,59 Prozent abgeschnitten. Die schlechteste Rendite erlangte man bei einem F-Rating mit minus 7,95 Prozent. Zwar ist der durchschnittliche Zinssatz mit 16,71 Prozent doppelt so hoch wie beim A-Rating gewesen (8,83 Prozent), dafür war die Ausfallquote mit 23,85 Prozent um ein Vielfaches höher (3,41 Prozent).

Der zweite Blog[74] kommt zu einem ähnlichen Ergebnis. Hier wurde der Zeitraum von Anfang 2007 bis Ende 2009 ausgewertet, also ein Abschnitt von genau drei Jahren. Beobachtet und ausgewertet wurde ein finanziertes Kreditvolumen in Höhe von 76,5 Mio. US-Dollar.

Auch hier schneidet das A-Rating mit 5,26 Prozent am besten von allen Kreditratings ab. Die am risikoreichsten eingestuften F- und G-Ratings ermöglichten immerhin noch eine Rendite von 0,64 Prozent. Auch hier zeigt sich das Muster, dass erhöhte Zinssätze das Verhältnis zu höheren Kreditausfällen nicht auffangen können. In beiden Fällen empfiehlt es sich also, den konservativen Weg bei der Kreditauswahl zu gehen.

Der negative Einfluss von (institutionellen) Investoren

Die Kreditperformance ist ein wesentlicher Faktor für die Renditestabilität und somit auch für das Vertrauen der Investoren. Allerdings kann es unabhängig davon auch zu einer ganz anderen Art der Bedrohung für die P2P-Plattformen kommen, nämlich durch die Investoren.

P2P-Kredite sind in der Regel sehr stark gehebelte Investments, bei denen die Unternehmen nur sehr wenig Eigenkapital einsetzen. Was dadurch auf der einen Seite für eine hohe Eigenkapitalrendite sorgt, schafft auf der anderen Seite eine große Abhängigkeit von den jeweiligen Finanzierungsquellen. In diesem Fall würde ich diese in institutionelle Investoren (u.a. Family Offices, Pensionsfonds, Versicherungsanbieter) und normale Privatanleger unterteilen.

Lending Club als mahnendes Beispiel

Lending Club besitzt bei der Finanzierung seiner angebotenen Kredite eine sehr starke Abhängigkeit von institutionellen Investoren. Auf der einen Seite gibt es viele Gründe und gute Argumente, warum das ein Vorteil sein kann. Zum einen steht dahinter eine deutlich größere Finanzkraft, welche die P2P-Plattform dadurch schneller wachsen und das Kreditvolumen skalieren lassen kann. Zum anderen kann es als eine Art Gütesiegel verstanden werden, wenn größere Player bereit sind, in ein bestimmtes Kreditportfolio zu investieren.

Ebenso gravierend sind aber auch die Nachteile bei einer zu starken Abhängigkeit von institutionellen Investoren. So begann Lending Club, die seit 2014 auch an der Börse notieren, vor einigen Jahren mit der Investmentbank Jefferies zusammenzuarbeiten. Diese verbriefte die von Lending Club gekauften Kreditpakete und verkaufte diese anschließend an institutionelle Investoren (u.a. Hedgefonds) weiter.

Weil sich Lending Club immer mehr in die Richtung eines konventionellen Kreditgebers entwickelte, entstanden dadurch auch erhöhte Abhängigkeiten von Markteinflüssen.

Als Ende 2015 in den USA zum Beispiel die Leitzinsen angehoben worden sind und die ersten Konjunktursorgen die Aktienmärkte einbrechen ließ, sank die Nachfrage nach risikoreicheren Assets.

Lending Club konnte daher im ersten Quartal 2016 nur noch die Hälfte des Kreditvolumens im Vergleich zum vierten Quartal 2015weiterverkaufen. Also ein unmittelbarer Rückgang von 50 Prozent.

Hinzu kam, dass Investmentbanken und Finanzdienstleister wie Goldman Sachs und die Citigroup verkündet haben, dass man keine neuen Schuldverbriefungen des Unternehmens mehr aufkaufen werde, nachdem im Mai 2016 bekannt wurde, dass CEO Renaud Laplanche Kredite im Wert von 22 Mio. US-Dollar an einen institutionellen Investor verkaufte, was jedoch nicht den Investorenstandards von Lending Club entsprach.

Als Folge wendeten sich nicht mehr nur die Banken ab, auch das US-Justizministerium schaltete sich mit einer Untersuchung in die Vorfälle ein.[75] Es waren turbulente Entwicklungen, die sich auch sehr schön im Chart von Lending Club widerspiegelten.

Covid-19 und die Reaktionen der Privatanleger

Im Vergleich zu institutionellen Investoren besitzen normale Privatanleger eine deutlich geringere Finanzkraft. Zumindest dann, wenn man den Einzelfall betrachtet. Doch in ihrer Gesamtmasse können auch kleinere Privatanleger einen massiven Einfluss auf die Kapitalströme einer P2P-Plattform besitzen.

Besonders deutlich wurde das im Frühjahr 2020, als die Corona-Pandemie sich immer weiter in Europa ausbreitete. Die Reaktionen der Privatanleger waren relativ eindeutig und flächendeckend, da mehrheitlich die Gelder von den P2P-Plattformen abgezogen worden sind.

Sei es, da man das Geld in andere Assets umschichten wollte oder weil man nicht genügend Vertrauen zu den einzelnen Unternehmen besessen hat. Diese Phase sorgte für einen starken Liquiditätsengpass bei vielen Unternehmen, die in der Folge mit unterschiedlichen Maßnahmen darauf reagierten beziehungsweise reagieren mussten, um schlimmere Konsequenzen zu verhindern.

Daran erkennt man sehr deutlich, dass es nicht unbedingt die Kreditnehmer sein müssen, die aufgrund einer Rezession das P2P-Geschäftsmodell zum Kippen bringen, sondern dass wir als Investoren ebenfalls eine nicht zu unterschätzende Kraft bei der Entwicklung von P2P-Plattformen besitzen.

Weitere Gedanken zum P2P-Sektor und der Corona Pandemie werden im nächsten Kapitel folgen.

Wie belastbar sind die Stress-Tests der P2P-Plattformen?

Nur weil die meisten P2P-Plattformen noch keinen wirtschaftlichen Abschwung miterlebt haben, bedeutet das im Umkehrschluss nicht auch, dass sich diese nicht auch auf einen solchen vorbereiten. Seit 2018 haben sich gleich mehrere P2P-Plattformen einem eigenen Stress-Test unterzogen, um die Belastbarkeit des eigenen Kreditportfolios unter extremen Schwankungen im Konjunkturzyklus zu testen.

Einige Unternehmen haben die Ergebnisse dieser Stress-Tests auch veröffentlicht und online zur Verfügung gestellt. Dazu gehören die beiden UK-Plattformen Funding Circle und Ladbay, die estnische Immobilienplattform EstateGuru und das litauische Unternehmen NEO Finance.[76] Die Angaben der Stress-Tests sind von ihrem Umfang her sehr unterschiedlich, genauso wie die Transparenz bezüglich der angewandten Parameter.

Was die Ergebnisse angeht, so kommen die Stress-Tests in der Regel – wohl auch wenig verwunderlich – häufig zu einer positiven Fortführungsprognose. Dennoch wird bei allen Ergebnissen deutlich, dass Investoren mit einer sinkenden Rendite und einer höheren Ausfallquote zu kämpfen haben werden.

Egal für wie valide man die Ergebnisse hält, am Ende kann man es aus Anleger-Sicht durchaus als positives Zeichen werten, dass sich einige P2P-Plattformen vorausschauend mit dieser Thematik befassen. Die genauen Ergebnisse der einzelnen Stress-Tests kannst Du Dir auf meinem Blog durchlesen.[77]

Sitzen Banken bei einer Rezession am längeren Hebel?

Die Marketing-Kosten, welche für die Akquise neuer Kreditnehmer ausgegeben werden müssen, bilden häufig den größten Kostenblock für die P2P-Plattformen. Laut Financial Times[78] machen diese Ausgaben mehr als ein Drittel beim Umsatz von Lending Club aus und sogar mehr als 40 Prozent bei Funding Circle.

Das Problem an der Sache dabei ist, dass das erfolgreiche Kreditvergabegeschäft stark von der Zinsdifferenz abhängig ist. Wer also am Markt bestehen will, für den geht es in erster Linie darum, die Differenz zwischen Kapitalkosten und Kapitalrendite zu maximieren. P2P-Plattformen, die ein Marktplatz-Geschäftsmodell verfolgen, also selbst keine Kredite akquirieren, sind davon nur indirekt betroffen.

Was den Kostenfaktor angeht, so besitzen Banken einen permanenten Vorsprung, da diese in der Lage sind, Einlagen mit Staatsgarantie aufnehmen zu können. Und da die Bilanzen mit Fremdkapital gehebelt sind, können die Banken mit ihren Krediten relativ niedrige Renditen hinnehmen und dabei trotzdem noch Geld verdienen.

Natürlich gibt es bei den Banken einen deutlich größeren Kostenapparat, welcher die Gewinnmarge nach unten drückt. Dadurch können besonders kleiner angefragte Kreditbeträge von Kreditnehmern nicht effektiv bedient werden. Aber die strukturellen Vorteile der Banken, besonders in Zeiten des wirtschaftlichen Abschwungs, sind nicht zu missachten und stellen insbesondere ein Problem für viele P2P-Plattformen[79] dar. Besonders dort, wo Investoren in Zeiten einer Rezession von risikoreichen Krediten Abstand nehmen.

Allerdings kann die Krise für viele P2P-Plattformen auch eine große Chance bedeuten. Diejenigen, die es schaffen, den Abschwung ohne größere Kollateralschäden zu überstehen, können möglicherweise den Markt konsolidieren, an Größe gewinnen und ihre Marketingkosten auf eine größere Umsatzbasis verteilen. Wenn die Unternehmen dann auch noch nachweisen können, dass sie durch eine Rezession hinweg profitable Kredite vergeben können, sollte das zu mehr Vertrauen bei den Anlegern und gleichzeitig zu geringeren Kapitalkosten bei den Anbietern führen.

Die Corona-Pandemie 2020

Im ersten Halbjahr 2020 führte das Aufkommen und die Ausbreitung der Covid-19 Pandemie zu einer für die Weltwirtschaft noch nie dagewesenen Situation. Lockdowns und eine Art *neue Normalität* bestimmten das Programm. Die erlittene Schockstarre, die sich mit dem plötzlichen Ziehen eines Steckers vergleichen lässt, hat in der Weltwirtschaft tiefe Gräben hinterlassen, deren Folgen bis heute und auch für die Zukunft noch nicht wirklich abzuschätzen sind.

Ein Jahr später kann man jedoch festhalten, dass diese als außergewöhnlich zu bezeichnenden Umstände durchaus erkenntnisreich im Hinblick auf den P2P-Sektor und die einzelnen Unternehmen gewesen sind.

Investoren decken Instabilität bei P2P-Plattformen auf

Die Ausbreitung der Covid-19 Pandemie hat bei Privatanlegern auf breiter Fläche für Unsicherheit und Verunsicherung gesorgt. Das gilt zumindest, wenn man sich die Ereignisse und die Reaktionen im P2P-Sektor ansieht. Denn während deutsche Privatanleger im ersten Halbjahr eine halbe Million neue Depots angelegt haben, um die Talfahrt an den Aktienmärkten als günstigen Einstiegszeitpunkt auszunutzen, ist das Geld im P2P-Sektor auf breiter Fläche abgezogen worden. Mancherorts weniger, bei anderen hingegen sehr extrem.

Die lettische P2P-Plattform TWINO hat diesbezüglich veröffentlicht, dass in den Monaten März und April 2020 immerhin 4,2 Mio. Euro mehr an Geldern abgezogen als eingezahlt worden sind. Darüber hinaus sind 30 Prozent der Mittelrückflüsse aus diesen beiden Monaten abgezogen worden.

Hätte dieser Trend über einen längeren Zeitraum angehalten oder wären stattdessen 100 Prozent der Mittelrückflüsse durch Kredittilgungen abgezogen worden, wäre TWINO in die Situation gekommen, durch gezielte Maßnahmen die Liquidität des Unternehmens aufrecht zu erhalten.

Diese Situation bei einem der größten und etabliertesten Nichtbanken-Kreditgeber Kontinentaleuropas verdeutlicht, wie stark die Unternehmen aus diesem Sektor betroffen gewesen sind.

Das Narrativ war bis zu diesem Zeitpunkt eigentlich ein anderes. Statt auf die Investoren als mögliche Gefahrenquelle zu blicken, galt der besorgte Blick in erster Linie den Kreditnehmern. Die Annahme: Wirtschaftliche Schwierigkeiten sorgen für Probleme bei den Kreditrückzahlungen, die sich somit auf die Performance der Investoren auswirken.

Erst dann hätte man theoretisch mit einem Abzug von Kapitalmitteln gerechnet. Doch die Umstände, hervorgerufen durch Covid-19, haben den Spieß um 180 Grad umgedreht. Nicht die Kreditnehmer sorgten für eine Instabilität bei den P2P-Plattformen, sondern die Investoren selbst.

Streitbar wäre an dieser Stelle, ob Investoren für diesen Umstand *gesorgt* oder ob diese nicht vielmehr die Instabilität bei den P2P-Plattformen *aufgedeckt* hätten. In beiden Annahmen steckt durchaus eine gewisse Wahrheit. Denn dass Privatanleger faktisch dafür gesorgt haben, ist nicht abzustreiten. Gleichzeitig liegt dadurch aber die Vermutung nahe, dass die Schuldfrage bei den Investoren liege. Daher würde ich in diesem Fall eher davon sprechen, dass die Investoren diesen Umstand stattdessen aufgedeckt haben.

Die Schlussfolgerung bleibt ohnehin die gleiche: viele P2P-Plattformen besitzen eine starke Abhängigkeit von den Entscheidungen ihrer Investoren. Je breiter und diversifizierter diese sind, auch im Zusammenspiel mit institutionellen Investoren oder eigenen eingebrachten Finanzierungsmitteln, desto unwahrscheinlicher wäre ein solches Szenario.

Wer die Krise als Chance genutzt hat

Zweifelsohne hat die Corona-Pandemie sehr viele P2P-Plattformen vor große Probleme gestellt. Nicht unerwähnt sollte allerdings bleiben, dass es auch einige Unternehmen gab, welche die Krise als Chance für sich genutzt haben und deutlich gestärkt aus dieser schwierigen Zeit hervorgegangen sind.

Nachfolgend möchte ich auf zwei P2P-Plattformen eingehen und kurz darlegen, warum diese aus meiner Sicht zu den Gewinnern der Pandemie gehören.

Bondora

Bondora hat die Konsequenzen bei den erhöhten Auszahlungsanforderungen unmittelbar zu spüren bekommen. Das Anlageprodukt Bondora Go & Grow, welches mit einer starken Liquidität und einer täglichen Verfügbarkeit geworben hat, musste sich schlussendlich der großen Nachfrage geschlagen geben. In der Folge gab es zwischen März und Ende Juni 2020 nur Teilauszahlungen, bei denen die Investoren täglich nur einen prozentualen Anteil der neuen Kreditmittel-Rückflüsse erhalten haben. Der Betrag stand dabei in Abhängigkeit zur Größe des investierten Anlagebetrags und im Verhältnis zu den anderen Investoren, welche ebenfalls Auszahlungsansprüche geltend gemacht haben.

Auf der einen Seite kann man nun argumentieren, dass das Unternehmen damit sein Versprechen gebrochen hat, da die beworbene Liquidität nicht eingehalten werden konnte. Gleichzeitig muss man aber anerkennen, dass Bondora nicht nur beim Krisenmanagement gut mit der Situation umgegangen ist und die Situation gelöst hat, sondern auch in der Folge die richtigen Schlüsse daraus gezogen und diese implementiert hat.

Bondora begann im September 2020 damit, eine monatliche Einzahlungsbeschränkung für Investoren bei Bondora Go & Grow festzulegen. Diese lag zunächst bei 1.000 Euro und wurde im Dezember des gleichen Jahres auf 400 Euro angepasst.

Dieser Schritt war sowohl kurz- als auch langfristig eine klug durchdachte Entscheidung. Warum?

Zunächst hat sich die estnische P2P-Plattform dazu entschieden, dass man aufgrund der Corona-Pandemie deutlich vorsichtiger und konservativer bei der Kreditvergabe vorgehen möchte. Die Aufrechterhaltung einer guten Kredit-Performance stand dabei klar im Vordergrund und weniger das sofort wieder einsetzende Wachstum durch eine größere Kreditvergabe.

Um das Kreditangebot und die Investorennachfrage besser in Einklang zu bringen, war die Maßnahme einer monatlichen Einzahlungsrestriktion absolut sinnvoll, da den Go & Grow Investoren die Zinsen täglich gutgeschrieben werden, ein geringeres Kreditangebot die gutgeschriebenen Zinsen bei einer unbegrenzten monatlichen Einzahlung aber gar nicht erwirtschaften kann. Im schlimmsten Fall hätte das Unternehmen also Geld auszahlen müssen, welches real noch nicht existierte.

Die monatliche Einzahlungsbeschränkung beinhaltet aber noch einen weiteren und auch deutlich langfristigeren Vorteil für das Unternehmen. Durch die Restriktion entsteht zum einen der Effekt der künstlichen Verknappung, wodurch das Investieren deutlich exklusiver erscheint, zum anderen bewirkt es auch einen deutlich langfristigeren und nachhaltigeren Ansatz. Zwar kann man via Bondora Go & Grow immer noch jederzeit über sein Geld verfügen, allerdings dauert der Aufbau nun entsprechend länger. Ein flexibles „Tagesgeld-Hopping", so wie es früher häufiger praktiziert wurde, wird dadurch minimiert.

Investoren werden dazu animiert, ihr Investment bei Bondora nun langfristiger zu betrachten, was Bondora wiederum die Möglichkeit bietet, deutlich besser in die Zukunft zu planen und Cashflows vorherzusagen.

Unter diesem Gesichtspunkt scheint Bondora, die ohnehin zu den etablierteren Unternehmen im P2P-Sektor gehören, weiter an Profil und Vertrauen bei den Investoren gewonnen zu haben. Das unterstreicht auch das finanzierte Kreditvolumen, welches nicht mehr exponentiell ansteigt, sondern auf natürlichem Weg.

EstateGuru

Auch die estnische Immobilien-Plattform EstateGuru zählt für mich zu den Gewinnern der Krise, da das Unternehmen durch eine transparente Kommunikationspolitik und durch große Offenheit bei der Geschäftsentwicklung massiv an Vertrauen gewinnen konnte.

Allein die Zahlen beim finanzierten Kreditvolumen und den monatlich neu hinzugekommenen Investoren verdeutlichen, dass die Corona-Pandemie ein echter Beschleuniger im Wachstum des Unternehmens gewesen ist.

Das ausstehende Kreditportfolio ist allein von April 2020 bis April 2021 um ca. 50 Mio. Euro von 93,3 Mio. Euro auf 143,9 Mio. Euro stark angewachsen. Die 139,3 Mio. Euro an finanzierten Krediten haben dabei 41 Prozent aller Kredite ausgemacht, die in den kompletten sieben Jahren der Unternehmenshistorie vermittelt werden konnten.

Das gleiche Bild zeigt sich übrigens auch bei den neu hinzugekommenen Investoren. Deren Anteil lag im vorher genannten Zeitraum ebenfalls bei 41,7 Prozent (33.324 von über 80.000 Privatanlegern)

Hinzu kommt, dass sich auch die Performance der Immobiliendarlehen in einem guten Bereich bewegt. Gemäß dem Report vom Kreditportfolio lag der prozentuale Anteil der sich vom ausstehenden Kreditportfolio in Rückholung befindenden Kredite stets in einem Bereich von 5,2 bis 8,4 Prozent.

Betrachtet man bei der Bewertung noch die historisch guten Werte bei der Rückgewinnung und Liquidierung von Sicherheitswerten, sollte bei einem breit diversifiziertem Kreditportfolio eine ordentliche Rendite für die Privatanleger hängen bleiben.

Eine Insolvenz und ihre Folgen

Was passiert nach der Insolvenz einer P2P-Plattform? Wie werden die ausstehenden Kreditforderungen abgewickelt und wie hoch sind die Chancen, dass Investoren ihr Geld wieder zurückbekommen?

Diese Fragen sind ebenso berechtigt wie auch schwierig zu beantworten.

Gemäß den Angaben vieler P2P-Plattformen haben diese für den Fall der Fälle Vorkehrungen getroffen, um eine ordnungsgemäße Abwicklung sicherzustellen.

In der Regel beinhalten diese Maßnahmen die Weitergabe von Kredit-Informationen an Drittanbieter im Bereich der Datenspeicherung. Sollte der Fall einer Zahlungsunfähigkeit eintreten, kann ein Insolvenzverwalter auf diese Daten zugreifen und sich um eine ordnungsgemäße Abwicklung der ausstehenden Kredite kümmern. Wie der Prozess im Einzelfall funktioniert, ist höchst unterschiedlich und wird von jedem Unternehmen individuell geregelt.

Bei der P2P-Plattform Mintos gibt es diesbezüglich sehr konkrete Informationen. Im Fall einer Insolvenz würden die Investoren zunächst eine vollständige Auflistung sämtlicher auf der Plattform ausgeführten Transaktionen bekommen, die in der Mintos-Datenbank hinterlegt sind.

Um diesen Ablauf sicherzustellen und zu gewährleisten, hat Mintos einen Bürgschaftsvertrag mit der Rechtsfirma *FORT* geschlossen. Dorthin werden die Kreditangaben monatlich übermittelt und auf einem Datenspeicher aufbewahrt.

Wie hoch die Wahrscheinlichkeit ist, dass man am Ende sein investiertes Geld wieder zurückzubekommt, bleibt offen.

Fakt ist, dass es bei den im Baltikum ansässigen P2P-Plattformen keine nationalen oder anderen staatlichen Garantiepläne gibt, wodurch das Kapital der Investoren geschützt wäre. Einen Einlagensicherungsfond wie in Deutschland, bei dem Einlagen von bis zu 100.000 Euro garantiert werden, gibt es hier nicht.

Privatanleger investieren in diesen Ländern also ohne Netz und doppelten Boden, sodass sich diese womöglich mit dem Worst-Case Szenario – dem Totalverlust des eingesetzten Kapitals – auseinandersetzen müssen.

Um auf die Schwierigkeiten bei der Abwicklung einer P2P-Plattform aufmerksam zu machen, soll es nachfolgend um zwei internationale Beispiele gehen, welche die Problematiken nach einer Insolvenz verdeutlichen.

Ausfall der englischen P2P-Plattform Collateral

Anfang des Jahres 2018 kam es zum Ausfall der britischen P2P-Plattform Collateral, die sich auf Pfandleihen und immobilienbesicherte Kredite spezialisiert hat. Die Insolvenz des UK Unternehmens kam für viele überraschend und auch die heute noch andauernde Aufarbeitung der Vorfälle zeigt, wie schwierig sich der Prozess der Rückgewinnung darstellen kann.

Ein Versuch der Rekonstruktion: Das im Mai 2016 gegründete und in Manchester ansässige Unternehmen Collateral hatte im Februar 2018 Konkurs angemeldet, nachdem man von der britischen Finanzaufsichtsbehörde FCA (Financial Conduct Authority) keine autorisierte Lizenz für den Handel mit Privatkrediten erhalten hatte.

Nachdem die Insolvenz bekanntgegeben wurde, ist zunächst das Unternehmen Refresh Recovery als Verwalter eingesetzt worden. In einer ersten Stellungnahme hieß es, dass sich die ausstehenden Kredite auf einen Wert von 15,5 Mio. Pfund belaufen würden, die durch einen Immobilienwert in Höhe von 23,5 Mio. Pfund besichert sein.[80]

Kurze Zeit später wurde Refresh Recovery jedoch als Insolvenzverwalter wieder abbestellt, weil man dem Unternehmen eine gewisse Nähe zum ehemaligen Collateral-Management nachgesagt hatte. Stattdessen veranlasste die FCA[81], dass sich von nun an die BDO – ein weltweites Unternehmensnetzwerk, das auf Wirtschaftsprüfung spezialisiert ist – um die Angelegenheiten kümmern sollte.

Im weiteren Verlauf zeigten sich dann einige interessante Auffälligkeiten.

Zum Beispiel kam heraus, dass sich Collateral wohl stark in finanziellen Schwierigkeiten befand, weil man ein 8,5 Mio. Pfund schweres Immobilienprojekt aufgenommen hatte, welches man allerdings nicht in der Lage war, an seine kleine Investorenbasis weiterzuvermitteln. Die Plattform blieb selbst auf der Finanzierung sitzen.

Auch die Daten zu den hinterlegten Kreditinformationen waren lange Zeit nicht zugänglich gewesen, was zeitnah auch viele Kreditnehmer mitbekommen hatten, die daraufhin ihre weiteren Zahlungen eingestellt hatten. Alles in allem also ein ziemlich chaotischer Ablauf, der gleich mehrere Problemfelder aufzeigt hat.

Erstens: Obwohl Großbritannien eine vergleichsweise lange Historie und einen gewachsenen P2P-Sektor besitzt, inkl. Aufsichtsbehörde und spezifischen Regulierungen durch die FCA, konnte ein Ausfall von Collateral nicht verhindert werden. Gab es keine Alternative, als das Unternehmen zu schließen?

Warum hatte die FCA keine vollständig gültige Autorisierung für die Kreditvergabe bei Collateral erteilt und warum operierte das Unternehmen noch einen Monat, nachdem die Lizenz bereits entzogen worden war?

Zweitens: Auch die Abwicklung des Insolvenzverfahrens lief alles andere als geordnet. Zuständigkeiten der Verwalter wechselten und Kreditinformationen ließen sich nicht auffinden. Zudem war lange Zeit auch gar nicht klar gewesen, gegen wen sich die Ansprüche der Anleger eigentlich richteten. Gegen die Plattform oder die Kreditnehmer?

Drittens: Allein die Tatsache, dass Kredite mit Sicherheiten hinterlegt sind, verspricht am Ende keine Garantie auf die Rückzahlung des investierten Kapitals, sobald das Unternehmen Insolvenz anmeldet.

Noch heute beschäftigt der Fall um Collateral viele Anleger und Behörden, da manche Sachverhalte immer noch nicht final geklärt worden sind.

Insolvenz der schwedischen P2P-Plattform TrustBuddy AB

Neben Collateral gab es in der Vergangenheit noch weitere namhafte Insolvenzfälle. Einer der prominenteren Vorfälle betraf die 2009 in Schweden gegründete P2P-Plattform TrustBuddy AB. Der skandinavische Anbieter für PayDay Loans war weltweit sogar die allererste P2P-Kreditplattform, die an der Börse gelistet wurde (Nasdaq OMX, Stockholm).

Im ersten Halbjahr 2015 finanzierte der Anbieter zwar noch Darlehen im Wert von 10 Mio. Pfund[82], doch nur wenig später fiel das Unternehmen in sich zusammen. Denn nachdem im September 2015 ein neues Management eingesetzt wurde (Philip Mikal vom Zahlungsdienstleister Klarna übernahm den Vorsitz der Geschäftsführung), leitete dieses im Zusammenhang mit der Neupositionierung des Geschäfts eine Untersuchung zu den Geschäftsaktivitäten des früheren Managements ein.

Früh wurde deutlich, dass es wohl mehrere Verstöße gegen interne und externe Vorschriften gab. Im Zentrum steht dabei die Veruntreuung von Investorengeldern, die ohne Anweisung oder Erlaubnis der Anleger vom Unternehmen verwendet wurden. Der Fehlbetrag im Bestand der Anlegergelder wurde auf 44 Mio. Schwedische Kronen (SEK; ca. 4,7 Mio. Euro) beziffert. Außerdem konnten 37 Mio. SEK (ca. 3,95 Mio. Euro) vom vermittelten Gesamtbetrag von 300 Mio. SEK keinem bestimmten Investor zugewiesen werden.[83]

Auf der einen Seite wurde also Kapital der Investoren entnommen und für Unternehmenszwecke verwendet, gleichzeitig wurden Kredite finanziert, bei denen es keine eindeutige Zuordnung des Kapitals gab. So wie es aussah, hatte das Unternehmen bestehenden Kredite, von denen ein erheblicher Teil wahrscheinlich in Verzug geraten war, neues Kapital zugewiesen, das von den Investoren eingesetzt wurde.

Des Weiteren ergab die Untersuchung, dass diese Praktiken wahrscheinlich schon in Kraft gewesen waren, seitdem die TrustBuddy-Plattform ihren Betrieb aufnahm.

Der Verwaltungsrat informierte daraufhin die Nasdaq OMX und die schwedische Finanzaufsichtsbehörde FSA (Financial Services Authority) über die derzeitige Situation. Die FSA bestand darauf, dass der Betrieb von TrustBuddy mit sofortiger Wirkung einzustellen sei. Dadurch, dass in der Folgezeit keine Abhebungen vorgenommen werden konnten, steckten vorübergehend mehr als 28 Mio. Euro an Anlegergelder bei TrustBuddy fest.

Im weiteren Verlauf, drei Monate nach Bekanntgabe der Insolvenz, gab die schwedische Anwaltskanzlei Lindahl bekannt, dass die ausstehenden Kreditforderungen in Höhe von 24 Mio. Pfund an ein Inkassounternehmen weiterverkauft wurden. Als Gegenleistung erhalte das Unternehmen 25 Prozent der unbezahlten Schulden, die in der Folge eingetrieben werden können.[84]

Das bedeutete, dass selbst wenn sämtliche ausstehenden Kreditforderungen bedient werden könnten, Privatanleger mindestens ein Viertel ihres eingesetzten Kapitals verlieren würden.

Hier wird deutlich, wie schon bei den P2P-Plattformrisiken ausgeführt, wie wichtig ein umfassendes Regulierungssystem ist, einschließlich von klaren Regelungen für die Kapitaltrennung zwischen Unternehmen und Investoren.

Kriterien zur Auswahl geeigneter P2P-Plattformen

Nachdem wir uns ausführlich mit den Grundlagen als auch den Risiken von P2P-Krediten beschäftigt haben, bleibt nun die Frage offen, wie man konkret beim Investieren vorgehen sollte und auf welche Faktoren es zu achten gilt.

In diesem Zusammenhang lautet die eigentliche und zugrunde liegende Frage, wo man investieren soll und welche P2P-Plattform die richtige ist. Aber dafür gibt es keine konkrete Antwort, da es weder richtige noch falsche P2P-Plattformen gibt. Nur jene, die zu Deinen Zielen, Deinen Bedürfnissen und Deiner Anlagestrategie passen – oder eben nicht.

Keine Sorge, im weiteren Verlauf werde ich Dir noch einige P2P-Plattformen vorstellen, damit Du einen ersten Einblick bekommst, welche Alternativen es gibt und was für Dich vielleicht in Frage kommen kann.

An dieser Stelle möchte ich den Fokus jedoch bewusst auf sechs verschiedene Kriterien legen, die Dich bei der Auswahl der richtigen Anbieter unterstützen sollen.

1. Der Anlagehorizont

Für wie lange kannst Du auf Dein in P2P-Kredite angelegtes Geld verzichten beziehungsweise wie flexibel möchtest Du darauf zugreifen können?

Die Frage nach dem Anlagehorizont ist nicht nur wichtig, es ist auch die allererste, die Du Dir noch vor dem Beginn Deines ersten Investments stellen solltest.

Die Beantwortung wird nicht nur einen Einfluss auf die Selektion der P2P-Plattformen besitzen, gleichzeitig kann dadurch sowohl die Auswahl der Kreditarten als auch Deine Renditeerwartung maßgeblich beeinflusst werden.

Nach meinen persönlichen Erfahrungswerten erscheint mir eine Einteilung in drei unterschiedliche Zeitintervalle am sinnvollsten:

- Sehr flexibel: Bis zu drei Monate
- Kurzfristig: Drei bis zwölf oder 18 Monate
- Langfristig: Ab 18 Monaten

Vielleicht mag es komisch anmuten, dass ein Zeitraum ab 18 Monaten bereits als langfristig gilt. Aber der P2P-Sektor ist ein sehr dynamisches Umfeld, in dem sich Entwicklungen sehr schnell vollziehen können.

Um den Einfluss bei der Entscheidung nach dem Anlagehorizont zu verdeutlichen, eine kurze Gegenüberstellung zwischen kurz- und langfristigem Anlagehorizont.

Kurzfristiger Anlagehorizont

Unabhängig vom persönlich gewählten Anlagehorizont empfiehlt es sich aus meiner Sicht besonders für neue P2P-Investoren, zunächst einen flexiblen und kurzfristigen Anlagehorizont zu verfolgen. Der erste Vorteil dabei ist relativ offensichtlich, nämlich die Tatsache, dass man sein P2P-Investment einfach mal testen und dieses im Notfall problemlos – und ohne weitere Konsequenzen – wieder stoppen kann.

Das Investieren hat für mich über alle Anlageklassen hinweg immer etwas mit „sich wohlfühlen" zu tun. Wer vielleicht Bauchschmerzen bekommt, der hat dann immerhin die Möglichkeit, seine Erfahrungen vorzeitig zu beenden, ohne dabei mit seinem investierten Geld eine Bruchlandung hinzulegen.

Darüber hinaus kann sich ein kurzfristiger Anlagehorizont auch für jene Investoren eignen, die ihre Geldanlage etwas aktiver gestalten und verwalten wollen. Wenn es beispielsweise an den Aktienmärkten eine Schwächephase gibt, steht zumindest die Überlegung im Raum einen Teil seiner P2P-Investitionen umzuschichten. Das gleiche gilt aber auch für alle anderen Anlageklassen.

Denn im Gegensatz zu einer physischen Immobilie, hat man bei P2P-Krediten durchaus die Möglichkeit sein Geld innerhalb eines sehr kurzen Zeitraums wieder zurückzubekommen. Ein Vorteil, den man durchaus auch bewusst nutzen kann. Mehr dazu, ob P2P-Kredite ein Buy & Hold Investment sind, gibt es in einem späteren Abschnitt.

Der Nachteil beim kurzfristigen Anlagehorizont besteht hingegen meistens darin, dass man sich in der Regel bei den Kreditarten stark beschränkt und sehr häufig nur in kurzfristig laufenden Konsumkredite, also den PayDay Loans, investieren kann. Wer sich hierbei mehr Diversifikation wünscht, zum Beispiel in Form von Geschäfts- oder Immobilienkrediten, der kommt an einem längeren Zeitraum meistens nicht vorbei.

Langfristiger Anlagehorizont

Wer einen langfristigen Anlagehorizont verfolgt, dem stehen die Türen in vielerlei Hinsicht offen. Denn nur weil man langfristig sein Geld anlegt, bedeutet das im Umkehrschluss nicht automatisch, dass man nicht auch die Vorteile von liquiden und kurzfristigen Assets nutzen kann. Die Vielfalt ist daher bei einem langfristigen Anlagehorizont ein großer Vorteil, da es in dieser Hinsicht keinerlei Beschränkungen gibt.

Problematisch könnte es hingegen werden, falls das investierte Geld frühzeitiger und noch vor der Fälligkeit des Darlehens benötigt wird. Man sollte verstehen, dass man mit jedem Kredit in den man investiert, automatisch einen Vertrag abschließt. Damit bindet man sich, beziehungsweise sein Geld, für die gesamte Laufzeit des Darlehens.

An dieser Stelle gibt es zwei Möglichkeiten:

1. Man kann nichts unternehmen und muss die Kreditfälligkeit aussitzen
2. Man hat die Möglichkeit sein Darlehen über einen Zweitmarkt zu verkaufen

Zu der ersten Option müssen nicht mehr viele Worte verloren werden. Bei der zweiten Möglichkeit kommt es darauf an, ob diese Funktionalität von einer P2P-Plattform angeboten wird oder nicht. Auch über diesen Faktor kann und sollte man sich im Vorfeld Gedanken gemacht haben.

Dass manche Anbietern keinen Sekundärmarkt anbieten, kann etwas damit zu tun haben, dass die Assets in der Regel sowieso sehr liquide sind, sodass sich daraus keine Notwendigkeit erschließt. In anderen Fällen kann es sein, dass die Funktionalität bewusst nicht gewünscht wird oder nicht entwickelt werden kann.

Sollte die Möglichkeit bestehen, dass man die Kredite auf einem Sekundärmarkt handeln kann, ist es je nach Angebots- und Nachfragesituation recht unterschiedlich, ob man seine Kredite mit einem Ab- vielleicht aber sogar mit einem Aufschlag verkaufen kann. Unabhängig davon können auch Gebühren seitens der P2P-Plattform veranschlagt werden.

Es ist also durchaus sinnvoll, sich im Vorfeld realistisch zu überlegen wie lange man seinen persönlichen Anlagehorizont einschätzt. Sollte dieser länger als 18 Monate sein, lohnt sich bei der späteren Auswahl der P2P-Plattformen ein Blick auf die Funktionalität eines Sekundärmarktes.

2. Die Renditeerwartung

Welche Rendite erwartest Du Dir von Deinem eingesetzten Kapital? Auch darüber solltest Du Dir im Vorfeld Gedanken machen, wohlwissend, dass eine höhere Rendite auch automatisch mit einem höheren Risiko verbunden ist. Gleichzeitig verengt sich dadurch auch sehr stark der Fokus bei der Kreditart.

Nach meinen persönlichen Erfahrungen, würde ich auch hier eine Unterteilung in drei Stufen vornehmen:

- Risikoärmer: Bis zu acht oder neun Prozent p.a.
- Normales Risiko: Neun bis zwölf Prozent p.a.
- Risikoreicher: Ab 12 Prozent p.a.

Auch hier sind es nur grobe Richtwerte, die auf meinen persönlichen Erfahrungen und Einschätzungen beruhen. Konservative und gering verzinste Kredite können genauso gut ausfallen, wie 16 prozentige Darlehen bedient werden können.

Im Einzelfall ist vieles möglich. Doch in der übergeordneten Tendenz korreliert die Rendite deutlich stärker mit dem zusammenhängenden Ausfallrisiko. Was auch logisch erscheint, da Rendite schließlich durch Risiko entsteht und entsprechend belohnt wird.

Konservativere Assets haben in der Regel eine deutlich geringere Ausfallwahrscheinlichkeit und je nach Kreditart gibt es manchmal auch entsprechende Sicherheiten die vorhanden sind.

Alles was über 14 oder 16 Prozent p.a. liegt, lässt in der Regel einige andere Schlüsse zu. Zum einen, dass es sich dabei sehr wahrscheinlich um unbesicherte Konsumkredite handelt. Zum anderen sind deutlich höhere Zinssätze ein Indikator dafür, dass man sich offensiver gegen die Wettbewerber vermarkten will oder sogar muss, um seine Kredite finanziert zu bekommen. Deutlich höhere Zinssätze als im Marktvergleich, sollten meistens genauer hinterfragt werden.

Auch dieses Risiko kann man natürlich als Investor eingehen, weshalb es im Vorfeld ratsam ist, sich über seine eigenen Renditeerwartungen bewusst zu werden.

3. Der Track Record (Historie)

Mittlerweile gibt es über 200 unterschiedlich P2P- und Crowdfunding-Plattformen in Europa, bei denen deutsche Privatanleger investieren können. Neben dem Anlagehorizont und der Renditeerwartung, könnte die Erfahrung und die Historie eines Unternehmens ein weiterer Indikator für die Auswahl sein.

Setzt man lieber auf altbewährtes oder vertraut man neueren und vielleicht auch innovativeren Plattformen? Für mich persönlich ist die Frage relativ eindeutig beantwortet. Denn obwohl die Performance der Vergangenheit keine Garantie für zukünftige Erfolge und oder Erträge bedeuten muss, setze ich im Zweifel lieber auf eine größere und etablierte Plattform, die bereits ein paar Erfahrungswerte vorweisen kann.

Zum einen besitzen ältere Unternehmen etwas mehr Marktreife, zum anderen sind auch bereits langfristige Erfahrungswerte von anderen Investoren vorhanden. Besonders diese Art von Social Proof sollte man nicht unterschätzen. Gute Erfahrungen müssen nicht zwangsläufig immer positiv für einen selbst enden, jedoch kann man bei mehrheitlich negativen Erfahrungen gleich die richtigen Schlüsse für sich selbst daraus ziehen.

Persönlich würde ich daher bevorzugt auf Unternehmen schauen, die schon mindestens drei Jahre Markterfahrung besitzen. Gleichzeitig sollte auch die Plattform selbst schon eine gewisse Größe besitzen. Richtwerte wären hier mindestens 10.000 Investoren und ein finanziertes Kreditvolumen von +100 Mio. Euro.

Das sind – wie immer – aber nur meine persönlichen Empfehlungen. Ausnahmen bestätigen die Regel und auch ich selbst habe schon bei einer etwas weniger erfahreneren Plattform investiert.

4. Die Transparenz

Bei P2P-Krediten handelt es sich immer noch eine vergleichsweise junge Anlageklasse. Entsprechend hoch sollte daher der Grad an Transparenz sein, um ein gleichermaßen hohes Vertrauen von den Investoren zu erhalten.

Worauf genau sollte man beim Thema Transparenz achten? Hier sind einige Faktoren:

1) Findet man Informationen über das Team auf der Webseite? Wenn ja, wer sind diese Personen und haben diese bereits in der Vergangenheit in der Finanzbranche gearbeitet oder Erfahrungen im Kreditgeschäft sammeln können?
2) Ist es möglich das Kreditbuch (engl. loan book) herunterzuladen, um die Qualität des ausstehenden Kreditportfolios selbst zu analysieren?
3) Bekommt man Zugang zu allen Dokumenten wie den AGB, den Nutzungsvereinbarungen, Forderungsrechten, Garantien, etc.?
4) Wenn man dem Support schreibt, wie schnell, zuverlässig und kompetent ist die Rückmeldung einzuschätzen?
5) Veröffentlicht die Plattform geprüfte Geschäftsberichte über das Unternehmen?

Je positiver diese fünf Aspekte bewertet werden können, desto transparenter und auch vertrauenswürdiger ist die Plattform einzuschätzen.

5. Die Sicherheiten

Das Thema Sicherheiten ist häufig sehr eng mit der zu erwartenden Rendite verbunden. Je mehr tatsächliche Sicherheiten vorhanden sind, sowohl bei dem Unternehmen als auch bei den Krediten, desto geringer fällt in der Regel auch die Rendite aus.

Auf folgende sicherheitsstiftende Merkmale kannst Du achten, wenn Du Dich mit der Auswahl geeigneter P2P-Plattformen beschäftigst:

1) Wird die P2P-Plattform durch eine gesetzliche Regulierung kontrolliert und überwacht?
2) Wird eine ordnungsgemäße Trennung von Unternehmens- und Investorenkapital sichergestellt? Zum Beispiel durch zertifizierte Drittanbieter oder eine Electronic Money Institution Lizenz?
3) Ist eine Zwei-Faktor-Authentisierung (2FA) auf der Plattform möglich?

Diese drei Aspekte zählen zu den wichtigsten Kriterien im Hinblick auf die Sicherheit einer Plattform. Je mehr Faktoren davon erfüllt werden, desto sicherer ist das Unternehmen zu bewerten.

6. Das Management und die Gesellschafter

Ein letztes und für mich persönlich ebenfalls sehr wichtiges Kriterium, ist die Frage welche Personen ein Unternehmen anführen (das Management) und welche Personen im Hintergrund einen Einfluss auf die strategische Entwicklung einer Plattform nehmen können (die Gesellschafter).

Hierbei können zwei Dinge berücksichtigt werden:

1) Wer sind diese Personen?
2) Wie sind diese zu bewerten?

Bei ersterem erfährt man idealerweise schon auf der „Über uns"-Seite, wer die Personen aus dem Management sind und welche Gesellschafter an der Plattform beteiligt sind.

Bei zweiterem lohnt es sich zu schauen, welche Vergangenheit die jeweiligen Manager oder Gesellschafter gehabt haben.

- Haben diese bereits in der Vergangenheit im P2P-Sektor gearbeitet? Wenn ja, wo?
- Besitzen die Manager eine Vergangenheit im Finanzbereich oder dem Kreditsektor?
- An welchen anderen Unternehmen sind die Gesellschafter beteiligt? Gibt es womöglich Interessenskonflikte?

Der Faktor Vertrauen hängt für mich nicht nur ausschließlich mit der Transparenz zusammen, sondern auch, ob die Personen eines Unternehmens öffentlich in Erscheinung treten und wie deren Aussagen zu bewerten sind.

Wenn Du auf die Faktoren schaust, nach denen Du Deine P2P-Plattformen auswählst, lohnt es sich immer, auch diesen Aspekt zu berücksichtigen.

Hinweise zur Anwendung der richtigen Anlagestrategie

Im ersten Abschnitt ging es um sechs Kriterien mit jeweils unterschiedlichen Ausprägungen, die Du bei der Auswahl der für Dich geeigneten P2P-Plattformen berücksichtigen solltest. Jetzt soll es wiederum um einige erweiterte Denkanstöße und Hinweise gehen, welche Dir bei der Findung und Anwendung Deiner Anlagestrategie helfen können.

1. Wie viel Geld in P2P-Kredite investieren?

Wusstest Du, dass die britische Regulierungsbehörde FCA eine Obergrenze für Privatanleger festgelegt hat, wonach diese nur noch einen bestimmten Anteil ihres Gesamtportfolios in P2P-Kredite investieren dürfen?[85] Kein Witz! Nachdem die UK Plattform Lendy Insolvenz anmelden musste, wodurch ausstehende Kredite im Wert von 165 Mio. Pfund gefährdet gewesen sind, hat sich die Aufsichtsbehörde in Großbritannien zu diesem Schritt entschlossen.

Demnach dürfen Privatanleger seit dem 9. Dezember 2019 nur noch maximal zehn Prozent ihres Gesamtportfolios in P2P-Kredite investieren.[86] Zwar lässt sich die Argumentation nachvollziehen, dass sich das Wachstum im P2P-Sektor dadurch gesund entwickeln soll und Anleger besser geschützt werden, allerdings bedeutet diese Regelung auch einen massiven Eingriff in die individuelle Freiheit.

Persönlich möchte ich mir weder vorschreiben lassen, was ich mit meinem Geld anfange und wo ich es investieren will, noch möchte ich die dafür notwendigen Informationen übermitteln, die mich zu einem noch gläserneren Menschen machen. George Orwell lässt grüßen.

Unabhängig davon bleibt jedoch die Frage im Raum, wie viel Geld man von seinem Gesamtportfolio in P2P-Kredite investieren sollte.

Lange Zeit war es verpönt, wenn man sich anmaß, mehr als die häufig diskutierte Grenze von fünf bis maximal zehn Prozent zu überschreiten.

Persönlich sehe ich das Thema etwas pragmatischer, da jede Strategie und jeder Fokus bei der Geldanlage anders sein kann. Was für den einen funktioniert, muss für den anderen noch lange keine Gültigkeit besitzen.

Wer beispielsweise Cashflow-orientiert investieren möchte und kurzfristig weniger Volatilität verträgt, kann durchaus mehr in P2P-Kredite investieren als jemand, der sich erzkonservativ mit seinem ETF-Sparplan zufrieden gibt.

Aus meiner Sicht gibt es daher keinen optimalen Anteil von P2P-Krediten im Gesamtportfolio. Zumal sonst auch die Frage im Raum steht, wie man praktisch mit dieser Grenze umgeht. Wenn volatile Entwicklungen am Aktienmarkt oder bei Kryptowährungen auftreten, in welcher Frequenz würde man dann seinen P2P-Anteil ausgleichen und ein Rebalancing betreiben?

Daher würde ich die Frage nach dem P2P-Anteil zwar mit aufnehmen, mich jedoch nicht zu sehr davon verrückt machen lassen.

Eine Umfrage in der Facebook Community[87] vom Juni 2020 hat übrigens zu folgendem Ergebnis geführt:

- Mit 24,1 Prozent haben die meisten Investoren angegeben, dass deren P2P-Investments aktuell zwischen fünf und zehn Prozent ihres Gesamtportfolios ausmachen. Bei 55,2 Prozent sind es bis zu maximal 15 Prozent gewesen.

- Der optimale Anteil von P2P-Krediten im Gesamtportfolio wird hingegen als etwas höher eingeschätzt. So haben mit 32,8 Prozent die meisten der Befragten angegeben, dass sie einen Wert zwischen zehn und 15 Prozent als den optimalen Wert ansehen. Immerhin 58,7 Prozent der Befragten haben sogar angegeben, dass diese den optimalen P2P-Anteil im Gesamtdepot bei zwischen zehn und 25 Prozent einschätzen.

Woher die Diskrepanz zwischen dem gegenwärtigen Anteil und dem vermeintlich größeren Idealzustand herkommt, kann womöglich auf die damaligen Verunsicherungen im Zusammenhang mit Covid-19 zurückgeführt werden.

Vielleicht konnte aber auch noch kein größeres Gesamtportfolio aufgebaut werden, da 43,1 Prozent der Anleger angegeben haben, dass sie aktuell weniger als 5.000 Euro in P2P-Kredite investiert haben.

2. Konzentration oder Diversifikation?

Nicht nur die Frage, wie viel Geld man prozentual in P2P-Kredite investieren sollte, steht im Raum, sondern auch auf wie vielen unterschiedlichen P2P-Plattformen man unterwegs sein sollte. Reicht ein konzentrierter Ansatz mit einigen wenigen Unternehmen aus oder sollte auf Plattform-Ebene maximal diversifiziert werden?

Es ist eine schwierige Frage, zu der es keine eindeutige Antwort gibt. Dennoch habe ich, im Gegensatz zu vielen anderen Meinungsmachern in diesem Bereich, dazu eine klare und eindeutige Meinung.

Wie im Abschnitt zur Diversifikation dargelegt, ist ein breit gestreuter Ansatz langfristig der effektivste Weg, um das Kredit-Ausfallrisiko zu minimieren. Doch eine Anwendung auf Plattform-Ebene könnte hingegen aus mehrerlei Hinsicht negative Folgen nach sich ziehen.

1) Klumpenrisiko

Im Hinblick auf Diversifikation sollte stets hinterfragt werden, welchen Mehrwert es tatsächlich hat, sich bei einer weiteren P2P-Plattform anzumelden und dort zu investieren. Angenommen, Du investierst bei zwei unterschiedlichen Anbietern, die

- im gleichen Land firmiert sind (und damit auch den gleichen gesetzlichen und regulatorischen Rahmenbedingungen unterliegen),
- die das gleiche Geschäftsmodell verfolgen,
- die in den gleichen Kreditnehmermärkten aktiv sind
- und wo die gleichen Kreditarten angeboten werden (vielleicht sogar von den gleichen Kreditgebern).

Klingt nicht wirklich nach Diversifikation, oder? Naja, das ist es am Ende auch nicht. Was man sich dadurch erschafft, ist lediglich ein unnötiges Klumpenrisiko ohne effektiven Mehrgewinn.

2) Ausfallwahrscheinlichkeit steigt

Wer quantitativ vorgeht, der darf sich nicht wundern, wenn es einen früher oder später auch erwischen wird. Die Chancen dafür stehen bei einem weitestgehend noch jungen und unregulierten Markt nicht sehr schlecht. Laut einer Umfrage der Plattform PeerBerry im Jahr 2020[88] sind von 2.975 teilnehmenden Privatanlegern bereits 50,6 Prozent von einem Scam oder Plattform-Ausfall betroffen gewesen.

Hierzu ein kleines und vereinfachtes Rechenbeispiel: Wenn ich gleichzeitig bei 10 P2P-Plattformen jeweils 1.000 Euro investiere, die mir eine jährliche Rendite von 10 Prozent p.a. versprechen, dann reicht nach einem Jahr bereits ein kompletter Totalausfall, dass sich das gesamte Investment nicht mehr rechnet.

Natürlich muss berücksichtigt werden, wann ein Investment ausfällt und ob man vielleicht einen Teil des eingesetzten Kapitals noch retten kann. Auf der anderen Seite sollte bedacht werden, ob es nicht vielleicht auch bei anderen Plattformen zu Problemen kommen kann und auch das Thema der Steuern sollte berücksichtigt werden. Denn während die erzielten Zinseinnahmen komplett versteuert werden müssen, können Verluste und abgeschriebene Kredite nicht ver- oder gegengerechnet werden.

3) Der Faktor Zeit

Neben den ersten beiden Gründen sollte auch der Faktor Zeit als ein weiteres Argument gegen „Plattform-Diversifikation“ mit berücksichtigt werden.

Denn im Gegensatz zu einem ETF, in dem mehrere Unternehmen gebündelt vertreten sind, muss bei P2P-Plattformen jedes Investment manuell gepflegt werden. Zwar ist das Investieren an sich mittlerweile weitestgehend automatisiert möglich, dennoch Bedarf es einen gewissen Aufwand, dem sich selbst ein passiver Investor nicht verschließen kann.

Die Einreichung von Dokumenten bei neuen Anforderungen auf der Plattform, die Überwachung, ob das Geld auch investiert wird („Cash-Drag“), Steuerbescheide anfordern, etc.

In diesem Zusammenhang spricht man auch von Return-On-Time-Invested (ROIT). Also die Zeit, die ich dafür aufwende, um am Ende den Ertrag X zu erhalten. Da Zeit bekanntlich Geld ist, sinkt meine reale Rendite, je mehr und je länger ich mich aktiv mit meinem Investment beschäftige oder beschäftigen muss.

Und je geringer der ROIT ist, desto weniger geht diese Rechnung auf. Denn was bringen einem zehn Prozent p.a. von 1.000 Euro, also 100 Euro Ertrag, wenn man sich das gesamte Jahr über mit seinem Investment beschäftigen muss? Da wäre die Investition an anderer Stelle, zum Beispiel zur Steigerung seines Humankapitals, deutlich besser eingesetzt und aufgehoben.

Wie viele P2P-Plattformen sind genug?

Persönlich bevorzuge ich bei der Plattform-Auswahl einen deutlich konzentrierteren Ansatz. Aber auf wie viele Unternehmen sollte man nun setzen? Was ist zu viel, was ist zu wenig?

Eine erste Orientierung sollte die Diversifikation auf der Plattform selbst sein. Hier sollte man in ausreichend Kredite investiert sein, um das Ausfallrisiko entsprechend abzufedern. Als Richtwert würde ich Minimum 100 unterschiedliche Darlehen empfehlen, im Idealfall eher um die 200.

Das bedeutet, dass man bei einem Mindestanlagebetrag von 10 Euro pro Kredit zumindest 1.000 Euro investieren sollte, besser noch 2.000 Euro. Bei Plattformen mit Geschäfts- oder Unternehmenskrediten, wo der Mindestanlagebetrag häufig bei 50 Euro liegt (manchmal sogar bei 100 Euro), wären das immerhin schon 5.000 Euro beziehungsweise 10.000 Euro.

Da diese Kredite jedoch meistens mit Sicherheitswerten hinterlegt sind, ist die untere Spanne von 100 Krediten noch eher vertretbar als bei unbesicherten Konsumkrediten.

Wer also nur 1.000 Euro hat und sich gerne ausprobieren möchte, dem kann ich guten Gewissens nicht empfehlen, sich langfristig bei 4 oder 5 unterschiedlichen Unternehmen zu engagieren.

Wo der genaue Sweet-Spot liegt, das muss jeder Investor für sich selbst herausfinden. Mit steigendem Interesse und einer proaktiven Auseinandersetzung mit dem Thema und den einzelnen Unternehmen, steigt in der Regel auch die Zuversicht, mehr Geld bei einzelnen Plattformen zu investieren. Daher ist es schwierig, genaue Richtwerte vorzugeben.

Dennoch sollten die oben erwähnten Aspekte aufgenommen und bei den Investitionsentscheidungen berücksichtigt werden.

Sind P2P-Kredite ein Buy & Hold Investment?

Im vorherigen Abschnitt bin ich auf den Faktor Zeit eingegangen und dass sich die Rendite nicht nur ausschließlich über den am Ende hinzugewonnen Ertrag definiert. Daran anschließend soll in diesem Kontext eine weitere Fragestellung diskutiert werden. Nämlich die, ob sich ein Buy & Hold Ansatz bei P2P-Investments anbietet.

Mit anderen Worten: Wie aktiv oder passiv sind Investitionen in P2P-Kredite am Ende des Tages und wie verändert sich auch das Chancen-Risikoprofil im Hinblick auf eine Rezession?

Dass der klassische Investitionsprozess bei P2P-Krediten weitestgehend passiv und automatisiert abgewickelt werden kann, ist einer der großen Vorteile dieser Anlageklasse. Jedoch bleibt die Frage offen, ob man den gleichen Grad der Passivität auch für seine übergeordnete P2P-Strategie anwenden sollte, wenn sich am Horizont der Wirtschaft dunkle Wolken abzeichnen.

Was bedeutet Buy & Hold überhaupt?

Zunächst ein Blick auf das Konzept hinter Buy & Hold und warum dieser Ansatz ebenso gerne wie auch häufig verwendet wird.

Unter Buy & Hold, im Deutschen übersetzt als „Kaufen und Halten", versteht man eine passive Form der Anlagestrategie, welche darauf abzielt, das Thema Geldanlage langfristig zu betrachten. Man tätigt eine Investitionsentscheidung und hält an dieser für einen sehr langen Zeitraum fest.

Diese Investmentphilosophie, die zum Beispiel sehr stark durch André Kostolany vertreten wurde, folgt einem unaufgeregten Ansatz, der sich von der gegenüberstehenden Strategie des Tradings oder dem Arbitragegeschäft abgrenzt.

Auch wenn diese Strategie bei allen möglichen Anlageklassen angewendet werden kann, so wird das Buy & Hold-Konzept am häufigsten mit dem Aktienmarkt in Verbindung gebracht.

„Kaufen Sie Aktien, nehmen Sie Schlaftabletten und schauen Sie die Papiere nicht mehr an. Nach vielen Jahren werden Sie sehen: Sie sind reich."

Ohne jetzt im Detail auf diese These einzugehen, sollten hier einige Hinweise beachtet werden. Zum Beispiel, dass sich von den Top 20 der größten Unternehmen, die 1989 an der Börse gelistet gewesen sind – bezogen auf die Marktkapitalisierung –, sich heute kein einziges dieser Unternehmen mehr auf dieser Liste befindet.[89] Ebenfalls interessant ist die Tatsache, dass von den heute 20 größten Unternehmen der Welt nicht eines im Jahr 1989 existierte.

Dieser Zeitraum von ca. 30 Jahren verdeutlicht, wie schnell sich die Geschäfts- und Unternehmenswelt verändern kann – und in diesem Fall auch verändert hat.

Als mögliche Konsequenz könnte hieraus abgeleitet werden, dass es bei einer Buy & Hold-Strategie unter Umständen klüger sein könnte, in einen globalen und breit aufgestellten Index-Fonds zu investieren, als sich womöglich mit Einzelaktien die Finger zu verbrennen.

Und bei P2P-Krediten? Wenn man sich das Chancen- und Risikoprofil bei P2P-Krediten ansieht, speziell in einer Phase der Rezession, dann gibt durchaus gute Gründe dafür, warum man als Privatanleger sein P2P-Portfolio etwas aktiver managen sollte.

Die Chancen

Als erstes ein Blick auf die möglichen Chancen, die sich in einer Rezession unmittelbar für den P2P-Sektor ergeben.

1) Steigende Nachfrage auf Kreditnehmerseite

Sowohl Privatpersonen als auch Unternehmen können von Rezessionen oder anderweitigen Krisen negativ betroffen sein.

Die daraus resultierende Nachfrage nach Kapital kann dabei insbesondere das Kreditgeschäft von Nichtbanken-Kreditgebern oder P2P-Plattformen stimulieren, welche tendenziell schneller als die klassischen Banken – vor allem bei plötzlich auftretenden Krisen – reagieren und den Kapitalbedarf der Kreditnehmer ggf. decken können.

Im Fall der jüngsten Corona-Pandemie kam es zum Beispiel dazu, dass einige Nichtbanken-Kreditgeber gezielt mit staatlichen oder europäischen Förderungsprogrammen ausgestattet worden sind, um diese Mittel an die wirtschaftlich in Schieflage geratenen Unternehmen weiterzuleiten. Noviti Finance zum Beispiel, ein litauischer Kreditgeber, hatte von einem EU-Fonds mehr als 30 Mio. Euro für die Kreditvermittlung an Unternehmen zur Verfügung gestellt bekommen.[90]

Die steigende Nachfrage kann von den P2P-Plattformen dazu genutzt werden, um unmittelbar – je nach Geschäftsmodell – noch mehr Umsatz zu generieren. Dem gegenüber steht die Frage nach der Performance. Steigt mit der quantitativen Nachfrage auf Kreditnehmer-Seite auch deren Qualität?

Wenn ja, dann kann sich dieser Effekt nicht nur positiv auf den Umsatz der Plattform, sondern sehr wahrscheinlich auch auf die Rendite der Investoren auswirken.

Dass das am Ende aber einfacher gesagt als getan ist, hat nicht zuletzt das Verhalten einiger Unternehmen nach dem Ausbruch der Covid-19-Pandemie gezeigt, die sich – trotz entsprechender Nachfrage von Seiten der Investoren – eher für einen konservativeren Ansatz bei der Kreditvergabe entschieden haben.

Die Risiken

Nun ein Blick auf die Risiken, die sich bei einer Rezession auf den P2P-Sektor auswirken können.

1) Steigende Ausfallwahrscheinlichkeit von Krediten

Nicht nur die Nachfrage nach Krediten kann in einer Rezession ansteigen, auch die Ausfallwahrscheinlichkeit der Darlehen kann davon betroffen sein. Ein insolventer Kreditnehmer ist ein schlechter Kreditnehmer. Das gilt sowohl für die Investoren als auch für die P2P-Plattformen selbst.

Als die Covid-19-Pandemie in Europa ausbrach und die wirtschaftliche Entwicklung zunehmend ungewiss erschien, haben viele europäische Länder frühzeitig reagiert und vorübergehende Stundungen von Kreditschulden erlassen. Diese Maßnahmen sollten gleichermaßen die Liquidität der Unternehmen sichern oder Privatpersonen vor einer Privatinsolvenz schützen.

Auch in Deutschland wurden diese Moratorien eingesetzt, mit teilweise sehr unerwartet hohen Fallzahlen von betroffenen Kreditnehmern. Am 11. April 2020, also noch relativ zu Beginn der Pandemie, gab der Sparkassen- und Giroverband (DSGV) bekannt, dass die Sparkassen in Deutschland bereits 80.000 Zins- und Tilgungsleistungen von Kreditnehmern aussetzen mussten.[91] Bei der Commerzbank wurden hingegen zum Stichtag 6. April 2020 bereits 1,5 Prozent des Gesamtbestandes der Verbraucherkredite gestundet.[92] Damals prognostizierte das Unternehmen, dass die Menge der Anträge noch auf 10 bis 20 Prozent aller Konsumkredite ansteigen werde.

Allein diese Zahlen verdeutlichen, für eine der wohlhabendsten Industrienationen der Welt, dass das Ausmaß der Pandemie seinerzeit nicht abzusehen war und dass sich insbesondere die Situation in den anderen europäischen Ländern – wo auch ein Großteil der kontinentaleuropäischen P2P-Kredite herkommen –wahrscheinlich noch dramatischer ausgewirkt hat.

2) Steigendes Kreditgeber-Risiko

Die meisten Kreditgeber verwenden in der Regel bei der Finanzierung der Kredite einen extrem hohen Fremdkapital-Hebel. Dieser ermöglicht zwar eine hohe Eigenkapitalrendite, also die Verzinsung des selbst eingesetzten Kapitals, jedoch können die dadurch entstehenden Nachteile und Abhängigkeiten ebenso weitreichende Konsequenzen besitzen.

Denn sobald die Liquidität fehlt, sei es durch ausbleibende Rückzahlungen der Kreditnehmer oder durch weniger zur Verfügung stehendes Kapital der Investoren, fehlt womöglich das Geld, um die weiteren Geschäftstätigkeiten aufrecht zu erhalten. Genau dieses Szenario ist im ersten Halbjahr 2020 eingetroffen, nachdem viele Privatanleger ihre P2P-Investments pausiert und oder auch ihre Gelder abgezogen haben.

In der Folge konnte man beobachten, wie vereinzelte Kreditgeber diesem Trend versucht haben, mit erhöhten Zinssätzen entgegenzuwirken.
Dass in dieser Situation einige Anleger einen APR von +2.000% als Möglichkeit sahen, Schnäppchen einzusammeln, zeigt aus meiner Sicht, wie naiv manche doch das Kreditgeschäft bewerten. Denn unter diesen Umständen sind steigende Zinsen in der Regel kein Indikator für eine schnellere Skalierung des Kreditgeschäfts, sondern allein um die Liquidität zu sichern und um gegebenenfalls auch schlecht performende Kredite zu überdecken.

Auch das Fremdwährungsrisiko, bedingt durch die massive Abwertung einiger Währungen im Jahr 2020 (TRY, KZT, RUB, etc.), kommt noch erschwerend für die Situation einiger Kreditgeber mit hinzu.

3) P2P-Plattform Risiko

Das steigende Kreditgeber-Risiko kann in manchen Fällen auch direkt auf die P2P-Plattform selbst übertragen werden, sofern diese eigenständig Darlehen finanziert. Darüber hinaus sollte aber auch berücksichtigt werden, dass es sich bei jenen P2P-Plattformen um teilweise noch sehr kleine und junge Unternehmen handelt, die am Ende jedoch den gleichen Gesetzmäßigkeiten unterliegen wie andere Wirtschaftsunternehmen auch.

Besonders bei Unternehmen, die ihre Krisenfestigkeit noch nicht unbedingt nachweisen konnten, können diese Extremsituationen zu einem erhöhten Risiko führen.

4) Andere Assets locken mit saftige(re)n Renditen

Zu guter Letzt könnte es sich für Privatanleger lohnen, auch die übergeordnete Investitionsstrategie mit zu berücksichtigen.

Wer sein Vermögen zum Beispiel langfristig in Aktien investieren möchte, der könnte einen Bärenmarkt auch durchaus dazu nutzen, um sich bei niedrigeren Kursen einzukaufen.

Dafür könnte auf der einen Seite der Cash-Bestand herhalten oder man setzt bewusst die Mittel seiner P2P-Investments ein, sofern man zu dem Ergebnis kommt, dass das langfristige Chancenpotenzial bei Aktien größer ist als das kurzfristige Risikopotenzial bei P2P-Krediten.

Wie man die Rendite seiner P2P-Investments berechnet

Um herauszufinden, ob sich ein Investment in P2P-Kredite lohnt und wie dieses im Vergleich zu anderen Anlageklassen abschneidet, ist es unausweichlich, sich auch mit der Performance zu beschäftigen.

Die Angaben, welche dabei von den P2P-Plattformen vorgegeben werden, erfolgen teilweise nach sehr unterschiedlichen Methoden und Maßstäben, sodass die Aussagekraft am Ende nur sehr eingeschränkt ist.

Daher ergibt sich zunächst die Frage, was man eigentlich unter Rendite versteht, da es hierbei sowohl unterschiedliche Deutungen, Definitionen als auch Berechnungen gibt.

Allgemein wird die Rendite (engl.: yield) als ein Ertrag in Prozent definiert, der innerhalb eines Jahres durch angelegtes Kapital erzielt wird. Die Berechnung kann dabei höchst unterschiedlich erfolgen. Es gibt zum Beispiel die arithmetische Durchschnittsrendite, die Überrendite oder auch die kumulierte Rendite. Alle genannten Kennzahlen sind jedoch nicht als Qualitätsindikatoren geeignet, da diese nur ein geringfügiges Maß an Aussagekraft und Transparenz bieten.

Der beste Weg zur Berechnung der Rendite, bietet die Formel des Internen Zinsfußes IZF (engl.: internal rate of return; kurz: IRR). Der Vorteil gegenüber anderen Methoden besteht darin, dass der Interne Zinsfuß volumen- und zeitgewichtete Aspekte bei der Kalkulation der Rendite berücksichtigt.

- Volumen: Der IZF berücksichtigt bei der Rendite Ein- und Auszahlungen des Kapitals, was ein wesentlicher Vorteil gegenüber der geometrischen Durchschnittsrendite ist, bei der sich die Investitionssumme in einem bestimmten Zeitraum nicht verändern darf.

- Zeit: Auch der Faktor Zeit findet beim IZF Berücksichtigung. Es macht also einen Unterschied aus, wann man sein Geld ein- oder ausgezahlt hat.

Alles, was benötigt wird, ist das Datum bei den jeweiligen Ein- und Auszahlungen sowie der aktuelle Kontostand. Der IZF liefert darüber hinaus nicht nur sehr präzise Ergebnisse, er kann auch für jedes andere Investitions-Portfolio angewandt werden.

Im Bonus-Bereich zu diesem Buch kannst Du Dir eine von mir vorgefertigte Excel-Tabelle für die Rendite-Berechnung herunterladen und dort Deine eigenen Ergebnisse eintragen.

Vorstellung einzelner P2P-Plattformen

In Europa gibt es mittlerweile über 200 unterschiedliche P2P- und Crowdfunding-Plattformen, auf denen man als deutscher Privatanleger investieren kann. Es ist also nicht ungewöhnlich, dass man sich bei einer ersten Orientierung leicht verloren vorkommen kann.

Damit ein besserer Eindruck von der Vielfalt der Plattformen entstehen kann, werden nachfolgend fünf ausgewählte Unternehmen vorgestellt, die aktuell zu den größten und bekanntesten Plattformen im P2P-Sektor gehören.

Die kurze Unternehmensvorstellung soll dabei nicht als Anlageberatung oder Investitionsempfehlung verstanden werden. Das Ziel ist es, einen Einblick in die Diversität zu bekommen und wie sich die einzelnen Unternehmen voneinander unterscheiden. Aus diesem Grund werden auch die gleichen Faktoren gegenübergestellt, um eine bessere Vergleichbarkeit zu erhalten.

Für ausführliche Erfahrungsberichte zu einzelnen P2P-Plattformen[93] sei auf den Blog verwiesen.

Bondora

Bondora ist eine estnische P2P-Plattform, gegründet im März 2008, auf welcher Investoren in estnische, finnische und spanische Konsumkredite investieren können. Gemessen an seiner Historie ist das Unternehmen eines der ältesten und etabliertesten P2P-Plattformen in Europa.

Zudem besitzt das Unternehmen mit Bondora Go & Grow eines der beliebtesten und am stärksten nachgefragten Anlageprodukte im P2P-Markt.

Gründung:	10. März 2008; online seit 2009
Firmensitz:	Tallinn, Estland
Reguliert:	Ja (Estonian Financial Supervision Authority)
Investoren:	+173.000 (09/2021)
Finanziertes Kreditvolumen:	+473 Mio. Euro (09/2021)
Kreditart (Primär):	Konsumkredite
Rendite:	9,4%
Rückkaufgarantie:	Nein
Sekundärmarkt:	Ja

Wem gehört Bondora?

Bondora gehört zum Großteil dem Gründer und heutigen CEO Pärtel Tomberg. Darüber hinaus gibt es noch zwei weitere Anteilseigner beim Unternehmen.

Der erste ist ein Tochterunternehmen von Valinor Management, einer 3,5 Mrd. großen Investmentgesellschaft aus den USA. Das Unternehmen, welches auch ein früher Förderer der US-Plattform Lending Club gewesen ist, hat sich im Januar 2015 mit 4,5 Mio. Euro an Bondora beteiligt.[94]

Der zweite Anteilseigner ist eine Tochtergesellschaft von Global Founders Capital, die auch zu den größten Gesellschaftern von Rocket Internet gehören. 2014 hatte das Unternehmen 1,3 Mio. Euro für eine Beteiligung an Bondora gezahlt.[95] Die genaue Aufteilung der Gesellschafteranteile wird öffentlich nicht kommuniziert.

Wer führt Bondora an?

Pärtel Tomberg ist der CEO und die treibende Kraft hinter Bondora. Der in Estland geborene und in Tallinn mit drei Geschwistern aufgewachsene Tomberg wanderte mit 17 Jahren für das Studium nach Großbritannien aus, wo er nach drei Jahren den Abschluss an der Oxford Brookes Universität für das Fach International Business Management bekam.

Während dieser Zeit etablierte sich auch die Idee, einen Kreditmarktplatz mit Sitz in Estland zu gründen. Nach zahlreichen und in jungen Jahren bereits gesammelten Unternehmenserfahrungen gründete er 2008 die heute allen als Bondora bekannte P2P-Plattform, deren CEO er bis heute noch ist.

Wie verdient Bondora Geld?

Bondora, die als Kreditgeber selbst aktiv sind, besitzen insgesamt sehr breit aufgestellte Einnahmequellen.

Provisionsgebühren Kreditvermittlung: Im Geschäftsjahr 2019 lag der größte Anteil im Bereich der direkten Provisionseinnahmen durch die Kreditvermittlung. Kreditnehmern wird hierbei eine fixe Gebühr in Höhe von 5,95 Prozent der Kreditsumme berechnet, welche zu Beginn der Kreditlaufzeit an Bondora bezahlt werden muss. Die dadurch in 2019 erzielten Erlöse in Höhe von 8,38 Mio. Euro haben einen Anteil von 41,04 Prozent vom Gesamtumsatz ausgemacht.

Verwaltungsgebühr: Den zweitgrößten Anteil bildete 2019 mit 6,51 Mio. Euro (31,9 Prozent vom Gesamtumsatz) die Verwaltungsgebühr der Kredite. Diese beträgt bei Bondora jährliche vier Prozent der ursprünglichen Kreditsumme.

Schuldenverwaltung: 15,6 Prozent des Umsatzes (3,18 Mio. Euro) entstammten 2019 den Gebühren für die Schuldenverwaltung. Hierbei berechnet Bondora zum Beispiel 14,99 Euro für ein Benachrichtigungsschreiben an ein Kreditausfallregister oder bis zu 5 Euro für Schuldenmeldungen an die Kreditnehmer.

Zu den weiteren Umsatzquellen zählen unter anderem Bsecure, wodurch Kreditnehmer im Austausch gegen eine monatliche Gebühr den Tag der Ratenzahlung oder die Länge der Kreditlaufzeit flexibel anpassen können, Gerichtskosten oder sonstige betriebliche Einnahmen.

Ist Bondora profitabel?

Ja, Bondora ist seit dem Geschäftsjahr 2017 durchweg profitabel gewesen. Zudem hat das Unternehmen trotz einer vergleichsweise niedrigen Bilanzsumme (7,57 Mio. Euro) eine sehr saubere Bilanz mit sehr guten Kennzahlen. Hier sind einige ausgewählte KPIs vom Geschäftsjahr 2019:

- Eigenkapitalquote: 44,47%
- Liquiditätsgrad: 1,75
- Verschuldungsgrad: 1,25
- Immaterielle Vermögenswerte: 2,33%

Besonders im Vergleich zu anderen P2P-Plattformen konnte Bondora in den vergangenen Jahren stets sehr solide und konstante Ergebnisse vorzeigen. Zudem sind die Finanzkennzahlen stets von größeren Wirtschaftskanzleien geprüft und in Übereinstimmung mit internationalen Reporting-Standards durchgeführt worden. Die finanzielle Stabilität ist daher definitiv ein großer Wettbewerbsvorteil bei der estnischen P2P-Plattform.

Die Vorteile

Track Record: Bondora gehört, gemessen an seiner Historie und der Gründung im Jahr 2008, zu den absoluten Dickschiffen in Europa.

Transparenz: Bei Bondora werden sämtliche Geschäfts- und Entwicklungsprozesse transparent abgebildet. So kann unter anderem auch das komplette Kreditportfolio heruntergeladen werden, um bei Bedarf eigene Analysen erstellen und durchführen zu können.

Finanzielle Stabilität: Bondora hat in den letzten Jahren sehr gut gewirtschaftet und steht daher – auch im Vergleich zu anderen P2P-Plattformen – finanziell auf sehr stabilen und gesunden Beinen.

Go & Grow: Bondora hat bei den angebotenen Investitionsmöglichkeiten stets die Interessen seiner Investoren im Blick. Das Anlageprodukt Bondora Go & Grow, welches mit einer täglichen Verfügbarkeit und einer jährlichen Rendite von 6,75 Prozent p.a. wirbt, gehört heute zu den beliebtesten Anlagemöglichkeiten im gesamten P2P-Markt.

Die Nachteile

Negative Renditen möglich: Mit Ausnahme der versprochenen Rendite von 6,75 Prozent p.a. via Bondora Go & Grow, die bislang immer eingehalten werden konnte, ist die Bandbreite bei der Performance durch die anderen Anlageprodukte sehr weit. Den Statistiken kann man entnehmen, dass im Mai 2021 mehr als 16 Prozent der Investoren eine negative Rendite bei Bondora erzielt haben.[96]

Performance des Kreditportfolios: Durch die teilweise negative Performance bei Bondora sollte man insbesondere sehr kritisch auf die Performance des zugrunde liegenden Kreditportfolios schauen und diese hinterfragen.

Mintos

Mintos ist ein lettischer P2P-Marktplatz, online seit 2015, auf dem Investoren in eine Vielzahl von Darlehen internationaler Kreditgeber investieren und dabei eine Rendite von ca. 12 Prozent erzielen können. Bedingt durch das stark skalierbare Geschäftsmodell ist Mintos, gemessen am vermittelten Kreditvolumen, die aktuell größte P2P-Plattform in Europa.

Gründung:	2015
Firmensitz:	Riga, Lettland
Reguliert:	Ja (Financial and Capital Market Commission)
Investoren:	+430.000 (09/2021)
Finanziertes Kreditvolumen:	+7 Mrd. Euro (09/2021)
Kreditart (Primär):	Konsumkredite
Rendite:	12%
Rückkaufgarantie:	Ja
Sekundärmarkt:	Ja

Wem gehört Mintos?

Die Frage, wem Mintos gehört, ist seit jeher populär wie umstritten. Auf der Webseite des Unternehmens erfährt man[97], dass – neben den beiden Gründern Martins Sulte und Martins Valters – vier weitere Investoren an der Gründung von Mintos beteiligt gewesen sind.

Namentlich handelt es sich dabei um

- Maris Keiss (Mitgründer von 4finance und Mogo),
- Aigars Kesenfelds (u.a. Mitgründer von 4finance und Mogo, Investor bei Artsy und Madara Cosmetics),
- Kristaps Ozols (Mitgründer von 4finance und Mogo) und
- Alberts Pole (Mitgründer von 4finance und Mogo).

Der Begünstigte der AS Mintos Holdings ist Aigars Kesenfelds[98], dem nach IFRS-Standard damit mindestens +25 Prozent des Unternehmens gehören. Die genaue Aufteilung wird von Mintos jedoch nicht verraten.

Die AS Mintos Holding gehört wiederum der AS ALPS Investments.[99] Auch hier handelt es sich mit Aigars Kesenfelds um den letztlich Begünstigten.

Wer führt Mintos an?

Mintos wird an der Spitze des Managements durch den CEO und Mitgründer Martins Sulte vertreten sowie durch dessen Business Partner Martins Valters, der heute als COO/CFO für das Unternehmen tätig ist. Beide besitzen eine gemeinsame Vergangenheit bei Ernst & Young, in der Martins Valters der Vorgesetzte von Martins Sulte gewesen ist.

2015 gründeten die beiden den Mintos-Marktplatz, nachdem Martins Sulte, der maßgebliche Ideengeber des Unternehmens, 2014 sein MBA-Studium abgeschlossen hatte.

Wie verdient Mintos Geld?

Mintos verdient sein Geld durch drei unterschiedliche Einnahmequellen:

- Provisionsgebühren für die Kreditvermittlung auf dem Marktplatz
- Einmalig berechnete Transaktionsgebühren bei den Kreditgebern
- Provisionen bei Fremdwährungswechseln

Durch diese drei genannten Säulen konnte Mintos im Geschäftsjahr 2019 einen Umsatz von 9,19 Mio. Euro erzielen. Im Jahr 2020 kam eine vierte Säule hinzu, als das Unternehmen Gebühren für die Nutzung des Sekundärmarktes eingeführt hat. Hierbei müssen Investoren eine Gebühr in Höhe von 0,85 Prozent beim Verkauf ihrer Kredite bezahlen.

Ist Mintos profitabel?

Nein, Mintos ist nicht profitabel. Im Geschäftsjahr 2019 betrug das Verlustergebnis knapp 1 Mio. Euro. Im Jahr zuvor lag der Verlust bei ca. 270.000 Euro. Aufgrund der Wachstums-Ausrichtung sollten diese Zahlen jedoch nicht überbewertet und realistisch eingeordnet werden.

Bei den wichtigsten KPIs zeigt Mintos hingegen ein gemischtes Bild.[100] Im Mintos-Geschäftsbericht für 2019[101] wussten die Eigenkapitalquote (41,13%) und der Verschuldungsgrad (1,43) zu überzeugen, wohingegen die Werte beim Liquiditätsgrad (1,09) und den immateriellen Vermögenswerten (26,64%) ausbaufähig gewesen sind.

Die Vorteile

Track Record: Mit über fünf Jahren Markterfahrung gehört Mintos mittlerweile zu den etablierteren Plattformen im P2P-Markt.

Großes Wachstumspotenzial: Das stark skalierbare Geschäftsmodell, da Mintos selbst keine Kredite akquiriert, ermöglicht es dem Unternehmen, deutlich schneller zu wachsen und Marktanteile zu gewinnen.

Offenheit und Transparenz: Es gibt viele Themen bei Mintos, die man kontrovers diskutieren kann. Dennoch bietet das Unternehmen regelmäßig den Dialog an und sucht proaktiv den Austausch mit den Investoren.

Die Nachteile

Ausbaufähige Due Diligence: Die Covid-19-Pandemie hat viele Schwachstellen beim Geschäftsmodell des Unternehmens aufgedeckt. Dazu gehört in erster Linie die ausbaufähige Due Diligence bei der Kreditgeber-Bewertung. Durch diverse Ausfälle oder Suspendierungen von Kreditgebern im Jahr 2020 werden voraussichtlich (Stand Mai 2021) zwischen 53 und 60 Mio. Euro als Verlust auf Mintos abgeschrieben werden müssen.[102]

Interessenskonflikte: Bei Mintos existieren viele Gesellschafterüberschneidungen bei den auf dem Marktplatz vorhandenen Kreditgebern. Durch diese Abhängigkeiten entstehen Interessenskonflikte, die sich in der Konsequenz nicht selten zu Lasten der Investoren auswirken.[103]

EstateGuru

Bei EstateGuru handelt es sich um eine estnische P2P-Plattform, online seit Juni 2014, auf welcher Investoren europaweit in Immobilienkredite investieren und dabei eine Rendite von ca. 11,4 Prozent erzielen können.[104] Die Vision des Unternehmens besteht darin, dass man der führende europäische Marktplatz für kurzfristige und immobilienbesicherte Kredite wird.

Gründung:	Oktober 2013; online seit Juni 2014
Firmensitz:	Tallinn, Estland
Reguliert:	Ja (In allen Ländern, sofern möglich und benötigt)
Investoren:	+92.800 (09/2021)
Finanziertes Kreditvolumen:	+42 Mio. Euro (09/2021)
Kreditart (Primär):	Immobilienkredite
Rendite:	11,43%
Rückkaufgarantie:	Nein
Sekundärmarkt:	Ja

Wem gehört EstateGuru?

Mehr als 70 Prozent der Unternehmensanteile gehören aktuell den drei EstateGuru Gründern Marek Pärtel, Kaspar Kaljuvee und Marko Arro. Danach folgen

- Joao Monteiro mit 8,8% (Angel Investor; Pinto Ventures),
- Speedinvest VC mit 7,42%,
- Helmes OÜ mit 4,26% (estnische Software-Entwicklungsfirma) und
- Seedrs Investoren mit 3,06%.

Der Rest teilt sich auf vereinzelte Mitarbeiteranteile sowie kleinere Privat- und Angel-Investoren auf.

Wer führt EstateGuru an?

An der Spitze von EstateGuru steht der CEO und Mitgründer Marek Pärtel.

Er gilt als ein erfahrener Unternehmer, der mehr als 20 Jahre Erfahrung als Entwickler und Investor in der Immobilienbranche vorweisen kann. Neben seiner Position bei EstateGuru ist er auch Investor und Berater bei Startup Wise Guys sowie Mitgründer und Partner bei Invego.

Wie verdient EstateGuru Geld?

Bei EstateGuru wird der Großteil des Umsatzes durch Gebühren erzielt, welche den Kreditnehmern berechnet werden. Dazu zählt in erster Linie die Vermittlungsgebühr für die Kreditfinanzierung, welche zwischen 2,5 bis vier Prozent der Kreditsumme betragen kann. 2019 konnte durch diese Gebühr ein Umsatz von 1,73 Mio. Euro erzielt werden[105], was ca. 73 Prozent des Gesamtumsatzes entsprochen hat.

An zweiter Stelle folgt die jährliche Verwaltungsgebühr der Darlehen (2019: 370.482 Euro), welche zwischen null und zwei Prozent liegen kann. Weitere Einnahmen erzielt das Unternehmen durch administrative Gebühren (2019: 107.945 Euro) oder sonstige Erlöse (2019: 174.949 Euro).

Seit 2020 gibt es auch vereinzelte Gebühren[106], die den Investoren berechnet werden. Dazu gehören eine zweiprozentige Verkaufsgebühr bei Transaktionen über den Sekundärmarkt, eine Abhebungsgebühr in Höhe von einem Euro oder auch eine Gebühr für inaktive Konten.

Ist EstateGuru profitabel?

Nein, EstateGuru ist aktuell nicht profitabel. Im letzten Bericht für das Geschäftsjahr 2019 gab es ein negatives Ergebnis in Höhe von einer halben Million Euro (533.923 Euro).

Das negative Ergebnis ist insbesondere auf die erhöhten administrativen Ausgaben zurückzuführen, die sich im Vergleich zum Vorjahr fast verdoppelt haben. EstateGuru hat unter anderem seinen Mitarbeiterstamm stark ausgebaut, um die europaweite Expansion voranzutreiben. Insofern sollte, ähnlich wie bei Mintos, das Ergebnis realistisch bewertet und eingeordnet werden.

Weil das Unternehmen seinen Fokus weiterhin auf das Wachstum legt, scheint auch das Thema der Profitabilität eher zweitrangig zu sein.

Die Vorteile

Starke Gesellschafter: EstateGuru wird von starken Partnern finanziert und unterstützt. Die Wahrscheinlichkeit, dass dem Unternehmen bei seinem Wachstumskurs die finanzielle Luft ausgehen wird, erscheint äußerst gering.

Track Record: EstateGuru hat sich seit 2014 als ein führender Marktplatz für kurzfristige und besicherte Immobilienfinanzierungen in Europa etabliert. Die Voraussetzungen für weiteres Wachstum stehen extrem gut.

Sicherheiten: Ein Großteil der Kredite besitzt erstrangige Sicherheiten, weshalb Investoren in einem Worst-Case auch als Erstes von einem Verkauf profitieren. Zudem bietet der durchschnittliche LTV von 65 Prozent einen guten Risikopuffer.

Regulierung: Sofern es eine Voraussetzung für die operativen Geschäftstätigkeiten darstellt, folgt EstateGuru in jedem Land der Regulierung und Gesetzgebung, um dort aktiv zu sein. Der Erhalt einer pan-europäischen Crowdfunding-Lizenz wird für Ende 2021 angestrebt.

Gute Performance: Trotz eines starken Anstiegs beim finanzierten Kreditvolumen schafft es das Unternehmen, auch die Performance des Kreditportfolios nicht zu vernachlässigen.[107]

Die Nachteile

Irreführende Renditeerwartung: EstateGuru berechnet die Rendite anhand der zurückbezahlten Kredite. Dadurch wird bei endfälligen Darlehen – und eventuellen Verzögerungen – die zeitgewichtete Komponente verfälscht. Als Ergebnis ist die tatsächliche Rendite ein paar Prozentpunkte niedriger, als was vom Unternehmen beworben und ausgewiesen wird.

Verstrickungen bei Kreditprojekten: In der Vergangenheit waren Personen aus dem EstateGuru-Management in Projekte verstrickt, welche nicht vollständig zurückbezahlt werden konnten. Das Thema Interessenskonflikte sollte daher beobachtet werden.

VIAINVEST

VIAINVEST ist eine lettische P2P-Plattform, online seit Dezember 2016, auf der Investoren in kurzfristige Konsumkredite aus sechs unterschiedlichen Ländern investieren und dabei eine Rendite von durchschnittlich 11 Prozent p.a. erzielen können.

Die Plattform ist ein Teil des lettischen Unternehmenskonzerns VIA SMS Group.[108] Dieser operiert im Kreditgeschäft bereits seit Oktober 2009 und bietet als Nichtbanken-Dienstleister eine Reihe von individuellen und innovativen Finanzdienstleistungen an. Dazu gehört zum Beispiel die digitale Bezahlplattform VIALET mit über 60.000 Kunden.

Gründung:	2008 (VIA SMS Group), VIAINVEST Plattform seit 12/2016
Firmensitz:	Riga, Lettland
Reguliert:	Nein (Aktuell noch im laufenden Lizensierungsprozess)
Investoren:	+23.000 (09/2021)
Finanziertes Kreditvolumen:	+260 Mio. Euro (09/2021)
Kreditart (Primär):	Kurzfristige Konsumkredite
Rendite:	12%
Rückkaufgarantie:	Ja
Sekundärmarkt:	Nein

Wem gehört VIAINVEST?

VIAINVEST ist ein Tochterunternehmen des VIA SMS Group Konzerns. Diese Unternehmensgruppe gehört wiederum aktuell zwei Gesellschaftern:

- Georgijs Krasovickis: 80%
- SIA Financial Investment: 20%

Georgijs Krasovickis ist einer der Gründungsmitglieder des Unternehmens. Gleichzeitig ist er auch einer von aktuell drei Vorstandsmitgliedern. Hinter der „SIA Financial Investment“ verbirgt sich der 50-jährige Lette Andris Riekstins. Ihm gehören seit 2012 insgesamt 20 Prozent der Anteile an dem Unternehmen.

Wer führt VIAINVEST an?

Es gibt drei Vorstandsmitglieder, die sich um die strategische und operative Entwicklung von VIAINVEST kümmern. Namentlich sind das Deniss Šerstjukovs, Georgijs Krasovickis und Eduards Lapkovskis.

Wie verdient VIAINVEST Geld?

Die konsolidierten Geschäftsberichte, die der Konzern seit einem Jahrzehnt durchgängig veröffentlicht, umfassen die Ergebnisse der gesamten Gruppe und sind daher nicht nur ausschließlich auf die Performance der P2P-Plattform zurückzuführen.

Den mit Abstand größten Umsatz hat das Unternehmen 2019 mit den Provisionseinnahmen für die Kreditvermittlung erzielt. Die 20,21 Mio. Euro haben dabei einen Anteil von 73 Prozent des Gesamtumsatzes ausgemacht. Den zweitmeisten Umsatz konnte man durch die Gebühren für die Kreditverlängerung erzielen (2019: 2,32 Mio. Euro), gefolgt von Online-Banking-Gebühren (2019: 2,06 Mio. Euro), welche im Zusammenhang mit der digitalen Bezahlplattform VIALET stehen.

Die restlichen sechs Umsatzquellen haben 2019 weniger als 12 Prozent des Gesamtumsatzes ausgemacht und werden daher nicht im Detail erwähnt.

Ist VIAINVEST profitabel?

Ja, VIAINVEST ist seit dem Geschäftsjahr 2013 durchweg profitabel gewesen. Die Bilanz zeigt ein natürliches und gesundes Wachstum in den letzten Jahren, wenngleich die Performance der KPIs im Jahr 2019 etwas rückläufig gewesen ist.

Die Ursachen sind dabei auf das aktuelle Wachstum zurückzuführen. In meinem VIAINVEST Deep Dive[109] bin ich ausführlich auf die finanzielle Entwicklung und Performance des Unternehmens eingegangen.

Die Vorteile

Track Record: Der Mutterkonzern, die VIA SMS Group, ist schon seit über einem Jahrzehnt (Dezember 2009) als Kreditgeber aktiv und besitzt einen mehr als vorzeigbaren Track Record.

Transparenz: Der Konzern veröffentlicht seit vielen Jahren seine wirtschaftsgeprüften Geschäftsberichte.

Finanzielle Stabilität: Obwohl man in einem hoch regulierten Kreditsegment aktiv ist, konnte das Unternehmen dennoch ein nachhaltig profitables Geschäftsmodell aufbauen und etablieren.

Sicherheit: Durch die digitale Bezahlplattform VIALET, welche eine EMI-Lizenz bei der litauischen Zentralbank unterhält, ist das Kapital der Investoren vor Veruntreuung geschützt.

Keine Skandale: Mögliche Problemfälle sind weder beim Unternehmen oder vom Management bekannt

Die Nachteile

Fehlende Regulierung: Die P2P-Plattform wird durch keine staatliche Gesetzgebung überwacht und kontrolliert. Aktuell befindet man sich jedoch im Lizensierungsprozess als Investment Brokerage Firm.

Ausbaufähige Sicherheit: Für mehr Sicherheit und zum Schutz der Investoren wäre eine Zwei-Faktor-Authentisierung auf der Webseite wünschenswert.

Kein Sekundärmarkt: Es gibt keine Möglichkeit zum vorzeitigen Verkauf von Krediten. Allerdings wird dieser Aspekt insofern relativiert, als dass die Assets häufig auch nur sehr kurzfristige Laufzeiten haben.

Auswertungen: Es können keine eigenen Analysen zur Qualität des Kreditportfolios durchgeführt werden.

TWINO

Twino ist eine lettische P2P-Plattform, online seit 2015, auf der Investoren in kurzfristige Konsumkredite aus fünf unterschiedlichen Ländern investieren und dabei eine Rendite von durchschnittlich 11 Prozent p.a. erzielen können.

Hinter der P2P-Plattform steht der 2009 gegründete SIA Twino Mutterkonzern, welcher zu den größten und etabliertesten Nichtbanken-Kreditgebern in Kontinentaleuropa gehört. Im Oktober 2019 hat der Konzern den Meilenstein von über 1. Mrd. Euro an finanzierten Krediten erreicht.[110]

Gründung:	2009 (SIA TWINO), TWINO Plattform seit 2015
Firmensitz:	Riga, Lettland
Reguliert:	Ja (Financial and Capital Market Commission)
Investoren:	+27.000 (09/2021)
Finanziertes Kreditvolumen:	+875 Mio. Euro (09/2021)
Kreditart (Primär):	Kurzfristige Konsumkredite
Rendite:	12%
Rückkaufgarantie:	Ja
Sekundärmarkt:	Ja

Wem gehört TWINO?

Die SIA Twino wurde 2009 von dem Letten Armands Broks[111] gegründet, dem auch heute noch 100 Prozent der Anteile an dem Unternehmen gehören.
Operativ war er ein Jahrzehnt lang auch als CEO für das Unternehmen tätig, bevor er diese Position im Juli 2019 an Anastasija Oleinika abgegeben hat.

Wer führt TWINO an?

Operativ wird das Unternehmen von der Russin Anastasija Oleinika angeführt. Sie ist seit Juli 2019 sowohl CEO als auch Vorstandsvorsitzende des SIA Twino Mutterkonzerns.

Ihren ersten Kontakt gab es mit Twino, schon lange bevor sie im März 2017 als „Head of Group Financial Planning als Analysis" angestellt wurde. In ihrer Zeit bei SEB Enskilda (2011 bis 2015) hatte sie Unternehmen in Fragestellungen des Fundraisings, der Restrukturierung oder der Schuldenfinanzierung beraten. Auch Twino gehörte damals zu den Unternehmen, die sich mit einer Kapitalerhöhung beschäftigt hatten.

Über den Umweg 4finance landete sie schließlich bei Twino. Hier gelang ihr in kürzester Zeit der Aufstieg als CFO, später als COO und seit Juli 2019 schließlich als CEO des Unternehmens.

Wie verdient TWINO Geld?

Gemäß dem konsolidierten Geschäftsbericht für 2019[112] besitzt Twino aktuell drei große Säulen bei der Monetarisierung. Diese lassen sich wiederum in mehrere Bereiche untergliedern:

Gebühren und Provisionseinnahmen: Die größte Säule bilden bei Twino die Gebühren und Provisionseinnahmen. 2019 konnte in dieser Sparte ein Umsatz von 39,9 Mio. Euro erzielt werden, was 48,02% vom Gesamtumsatz entsprochen hat. Die beiden größten Einzelposten sind dabei die Provisionseinnahmen (20,9 Mio. Euro) und die Strafgebühren (10,01 Mio. Euro).

Zinseinnahmen: Die zweitgrößte Umsatz-Säule waren 2019 die Zinseinnahmen. Gemeint ist hierbei die Differenz (der Spread) zwischen dem Zinssatz für die Kreditnehmer und dem Zinssatz, der den Investoren angeboten wird. Die erwirtschafteten 38,99 Mio. Euro haben 2019 einen Anteil von 46,93% vom Umsatz ausgemacht.

Operative Einnahmen: Die operativen Einnahmen haben 2019 mit 4,2 Mio. Euro zum Umsatz beigetragen. Der Großteil dieser Einnahmen ist dabei auf Kreditausfallversicherungen zurückzuführen (Credit Default Swaps).

Ist TWINO profitabel?

Ja, Twino ist profitabel. Die Twino-Gesellschaften konnten 2019 ein profitables Ergebnis in Höhe von 8,29 Mio. Euro erzielen. Das Ergebnis des SIA Twino Mutterkonzerns lag mit 4,43 Mio. Euro nur knapp darunter.

Nachdem das Unternehmen mit seinem Expansionskurs in den Jahren 2015 und 2016[113] viel Geld verloren hat, sah die finanzielle Performance im Jahr 2017 alles andere als gut aus. Der Konzern besaß negatives Eigenkapital (6,5 Mio. Euro) und neun von elf Tochtergesellschaften mussten das Geschäftsjahr mit großen Verlusten abschreiben.

Die Konsolidierung und Restrukturierung hat in den letzten Jahren jedoch positive Auswirkungen gehabt.

- Die Eigenkapitalposition wurde kontinuierlich gestärkt (2019: 4,5 Mio. Euro),
- die Verbindlichkeiten von ausstehenden Anleihen wurden 2019 beglichen und
- man nutzte 2020 einen Großteil des Gesellschafterkapitals, um die aufgelaufenen Verluste des Mutterkonzerns zu tilgen.

Eine ausführliche Analyse zur finanziellen Performance des Unternehmens findest Du in meinem TWINO Deep Dive.[114]

Die Vorteile

Track Record: Der Twino-Konzern ist einer der ältesten und etabliertesten Nichtbanken-Kreditgeber. Mit mehr als 1 Mrd. Euro an finanzierten Krediten gehört das Fintech zu den absoluten Schwergewichten in Kontinentaleuropa.

Transparenz: Der Konzern veröffentlicht seit vielen Jahren seine konsolidierten und wirtschaftsgeprüften Geschäftsberichte.

Finanzielle Stabilität: Hatte man aufgrund der Expansionspläne in jüngerer Vergangenheit sehr stark mit finanzieller Instabilität zu kämpfen, ist Twino heute finanziell deutlich besser und gesünder aufgestellt.

Starkes Führungsteam: Twino-Gründer Armands Broks ist ein erfahrener Geschäftsmann, der Twino als alleiniger Gesellschafter kontrolliert. Hinzu kommt CEO Anastasia Oleinika, die Twino in den letzten Jahren finanziell restrukturiert und konsolidiert hat, ohne dabei das weitere Wachstum aus den Augen zu verlieren.

Die Nachteile

Abhängigkeit vom russischen Kreditportfolio: Durch die Konzentration auf wenige Länder ist die Abhängigkeit zu diesen simultan mit angestiegen. Besonders in Russland besitzt Twino einen Großteil seiner Kreditfinanzierungen. Neben den 2019 eingeführten Kredit-Regulierungen ist auch die Abwertung des russischen Rubels ein möglicher Gefahrenaspekt.

Wechselkursrisiko: Nicht nur Regulierungen, auch die Abwertung des russischen Rubel belastet die Bilanz von Twino. Gab es 2019 für einen Euro noch 60 Rubel, sind es jetzt schon mehr als 90 RUB. Twino realisiert die Verluste am Devisenmarkt jedoch noch nicht und wartet stattdessen auf einen besseren Wechselkurs. Bei der großen Abhängigkeit vom russischen Markt wird das allerdings nicht ewig funktionieren.

Mit Fremdkapital in P2P-Kredite investieren?

Je nach P2P-Plattform und angebotenen Kreditarten kann die durchschnittlich zu erzielende Rendite für Privatanleger in einem Bereich von acht bis ca. zwölf Prozent p.a. liegen. Ausreißer sind dabei sowohl nach unten als auch nach oben möglich.

Wem das nicht ausreicht und wer eine noch höhere Verzinsung seines eingesetzten Kapitals anstrebt, der könnte seine Rendite durch den gezielten Einsatz von Fremdkapital um ein Vielfaches steigern. Ja, richtig gelesen. Man nimmt einen Kredit auf, um damit in Kredite zu investieren.

Es handelt sich dabei um eine sehr aggressive Strategie, die weniger bekannt ist und die wohl auch aufgrund des erhöhten Risikos der Anlageklasse eher weniger angewandt wird.

Was es mit dieser Strategie auf sich hat, welche Voraussetzungen für die erfolgreiche Anwendung erfüllt sein müssen und ob sich das eingegangene Risiko am Ende rentiert, darum soll es in diesem vorletzten Kapitel gehen.

Hintergrundwissen zum Fremdkapitalhebel

Das Phänomen, welches sich hinter dem Einsatz von Fremdkapital verbirgt, nennt sich Leverage-Effekt (engl.: Leverage = Hebel). Als Leverage-Effekt bezeichnet man in der Betriebswirtschaft die Hebelwirkung des Fremdkapitals auf die Eigenkapitalrentabilität.

Was bedeutet das konkret?

Angenommen der Kaufpreis für eine Immobilie liegt bei 100.000 Euro, wobei der Einfachheit halber die Kaufnebenkosten bereits inkludiert sind. Die Wohnung, die später als Kapitalanlage dienen soll, erwirtschaftet dem Investor eine monatliche Kaltmiete von 500 Euro, was wiederum einer Jahresnettokaltmiete von 6.000 Euro entspricht.

Im ersten Szenario gehen wir davon aus, dass der Investor die gesamten Kaufkosten aus eigenen Mitteln bestreitet.

Das bedeutet, dass dieser 100.000 Euro Eigenkapital aufbringt und so die Bank bei der Finanzierung außen vorlassen kann. Er spart sich somit also möglich anfallende Zinskosten für ein Darlehen. Sowohl seine Mietrendite als auch seine Eigenkapitalrendite beträgt damit sechs Prozent p.a. (6.000 Euro Mieteinnahmen / 100.000 Euro Kaufpreis, finanziert durch Eigenkapital).

Im zweiten Beispiel schafft es der Investor, die Bank von seiner Bonität und der Wertigkeit der Immobilie zu überzeugen. Daraufhin bekommt er eine 90 Prozent Finanzierung. Das bedeutet, dass er nur 10.000 Euro Eigenkapital einbringen muss und die Bank die restlichen 90.000 Euro in Form eines Darlehens finanziert.

Welche Rendite erzielt der Investor jetzt?

Die Mietrendite beträgt nach wie vor 6 Prozent, da als Bemessungsgrundlage die gesamten Investitionskosten ins Verhältnis zu den Mieteinnahmen gesetzt werden müssen. Die Eigenkapitalrendite des Investors steigt nun auf starke 60 Prozent an, da hierfür das Verhältnis von Mieteinnahmen (6.000 Euro) zum eingesetzten Eigenkapital (10.000 Euro) betrachtet werden muss.

Die Eigenkapitalrendite steigt demnach, je geringer der Anteil des Eigenkapitals an der Finanzierung ist und je höher die zu erzielenden Einnahmen sind. Hätte der Investor in diesem Beispiel jährliche Mieteinnahmen von 10.000 Euro zu verzeichnen gehabt, so wäre die Eigenkapitalrendite im zweiten Fall auf 100 Prozent gestiegen.
Sofern das Fremdkapital in Vermögenswerte investiert wird, ermöglicht sich dadurch ein deutlich schnellerer Vermögensaufbau.

Angenommen unser Investor hätte gleichzeitig in zehn Immobilien der gleichen Art investieren wollen. In diesem Fall hätte er beim ersten Beispiel Eigenkapital in Höhe von einer Million Euro besitzen müssen. Im zweiten Beispiel wären es lediglich 100.000 Euro gewesen. Die Frage, wie lange man als Normalsterblicher benötigt, um über diese Summen zu verfügen, kann sich jeder selbst beantworten.

Auch auf Unternehmens-Ebene gehört der Einsatz von Fremdkapital zur gängigen Praxis.

Denn sofern es die Unternehmen schaffen, mit ihren operativen Tätigkeiten eine Rendite zu erzielen, die über den Fremdkapitalzinsen liegt, ist damit bereits eine wesentliche Bedingung für die erfolgreiche Anwendung des Leverage-Effekts erfüllt.

Es ist eine Art Free-Lunch, wenn man bedenkt, dass die Zinsen zur Aufnahme von Fremdkapital historisch niedrig sind. Seit dem 5. Juni 2014 gibt es sogar einen negativen Einlagensatz (Einlagefazilität), der mittlerweile bei -0,5 Prozent liegt.[115]

Das bedeutet, dass Geschäftsbanken im Euroraum, die kurzfristig nicht benötigtes Geld bei der EZB anlegen wollen, dafür Strafzinsen zahlen müssen. Entsprechend groß ist der Druck bei den Banken, dass dieses Geld an die Kunden weitergegeben wird.

Die Grenzen des Leverage-Effekts

Es gibt vier Voraussetzungen, die erfüllt werden müssen, damit der Leverage-Effekt erfolgreich angewendet werden kann.

1) Die Investitionsrendite muss größer als der Fremdkapitalzins sein

Wenn man durch seine Investitionen jährlich drei Prozent Rendite erwirtschaftet, dafür aber fünf Prozent Zinsen auf das Darlehen zahlen muss, wird der Kredithebel negativ und man muss die Zinsdifferenz aus eigenen Mitteln bezahlen.

Der Effekt des Hebels ist nur so lange positiv, wie die Investitionsrendite größer als der Fremdkapitalzins ist. Daraus lässt sich ableiten, dass sich nicht jedes Investment auch für ein Hebelprodukt eignet. Besonders wenn die Gewinne sehr volatil sind und stark schwanken, ist tendenziell von einem Kredithebel abzuraten.

2) Begrenzte Investitionsmöglichkeiten

In der Theorie ist dieser Aspekt sehr häufig bei Unternehmen anwendbar, da die Investitionsmöglichkeiten ab einem gewissen Zeitpunkt begrenzt sind.

Das Geschäftsvolumen kann nicht beliebig oft vervielfacht werden, weil dafür Marktfaktoren wie die Sättigung oder der Wettbewerb eintreten. Mit einem Blick auf P2P-Kredite ist dieser Punkt jedoch irrelevant.

3) Beschränkte Kreditaufnahmemöglichkeiten

Dieser Punkt führt zurück zum Thema, dass die Ressource Geld für Investoren endlich ist, da auch die Bank ab einem gewissen Zeitpunkt den Geldhahn zudrehen wird. Die Konsequenz ist, dass auch der Hebel-Effekt irgendwann an seine natürlichen Grenzen stoßen wird.

4) Steigende Zinsen bei höherer Verschuldung

Wer mehrmals Finanzierungen aufnimmt, ohne seine existierenden Verbindlichkeiten nennenswert getilgt zu haben, dessen Schuldenberg wird kontinuierlich ansteigen.

Mit wachsender Verschuldung steigt allerdings auch das Risiko für den Gläubiger, sodass es ab einer gewissen Größe entweder keine weiteren Kredite mehr gibt oder diese höher verzinst werden. In beiden Fällen stößt der Leverage-Effekt damit an seine Grenzen.

Lohnt sich der Einsatz eines Fremdkapitalhebels bei P2P-Krediten?

Die Frage, ob sich der Einsatz von Fremdkapital bei P2P-Krediten rentiert, kann hier nicht endgültig beantwortet werden. Dafür sind die Umstände, sowohl was das Wissen, das Risikobedürfnis oder die finanziellen Voraussetzungen angeht, zu unterschiedlich und zu individuell.

Dennoch kann es hilfreich sein, sich mit den nachfolgenden Punkten bei der Entscheidungsfindung auseinanderzusetzen:

- **Können die Kreditraten aus eigenen Mitteln bezahlt werden?** Gemeint ist damit, ob man für die Tilgung auf die erzielten Einnahmen durch P2P-Kredite angewiesen ist oder nicht. Wenn ja, dann wird der Zinseszins-Effekt hiervon beeinträchtigt, was in letzter Konsequenz eher gegen den Einsatz von Fremdkapital spricht. Denn wer die Kreditraten nur durch den selbst aufgenommenen Kredit ablösen kann, der ist finanziell wahrscheinlich nicht gut genug aufgestellt, um sich auf dieses Abenteuer einzulassen.

- **Ist die Zinsspanne attraktiv genug?** Hierbei müssen zwei Faktoren berücksichtigt werden. Zum einen die realistisch zu erwartende und zu erzielende Rendite während der Kreditlaufzeit, zum anderen die Zinskosten für den Kredit. Ist die Zinsdifferenz groß genug, um das Risiko einer Fremdfinanzierung einzugehen? Auch die als Kapitalerträge zu versteuernden Zinseinnahmen sollten hierbei berücksichtigt werden.

Einen langfristig positiven Effekt könnte hingegen die Inflation besitzen. Denn wenn sich die Kaufkraft des heutigen Kapitals um ca. 3 Prozent p.a. verringert, dann sinkt dadurch auch automatisch der tatsächliche Wert der Tilgung – wohingegen das Fremdkapital in Produktivkapital umgewandelt wird und uns dabei helfen kann, eine Rendite zu erwirtschaften.

Beachten sollte man hingegen, dass sich – im Gegensatz zu einem Immobiliendarlehen – die Zinskosten für einen Verbraucherkredit beziehungsweise Investitionskredit steuerlich nicht absetzen lassen.

Ethik & Moral bei P2P-Krediten – Ein Widerspruch?

Das Bewusstsein für das Thema Nachhaltigkeit ist in den letzten Jahren immer größer geworden und trifft gesellschaftlich auf eine immer breitere Akzeptanz. Wir wollen wissen, woher das Essen kommt, was wir zu uns nehmen, unter welchen Bedingungen die Kleidung hergestellt wird, die wir tragen, oder wie wir mit unseren Konsumentscheidungen einen Teil dazu beitragen können, dass unser Planet ein kleines bisschen besser wird.

Auch in der Geldanlage ist das Thema der Nachhaltigkeit längst angekommen.

Aus dem magischen Dreieck der Geldanlage, bestehend aus den Faktoren Rendite, Sicherheit und Liquidität, ist mittlerweile eine Art Viereck geworden.[116] Es geht für Anleger nicht mehr nur allein um den Profit, sondern auch um die Frage, welche sozialen oder ökologischen Folgen ein Investment haben kann.

Übergeordnet spricht man hierbei von SRI (Engl.: Socially Responsible Investment), also von einer ethisch-nachhaltigen und sozial verantwortlichen Form des Investments. Diese Wertvorstellungen haben dazu geführt, dass sich in den letzten Jahren bestimmte Kriterien für deren Wiedergabe herausgebildet haben – die sogenannten ESG-Kriterien. Dieses Akronym steht für Environmental, Social and Governance, also für Umwelt, Soziales und gute Unternehmensführung.

In diesem Kontext soll – im letzten Kapitel dieses Buches – die Frage in den Raum gestellt werden, inwieweit auch das Investieren in P2P-Kredite von diesem Thema betroffen ist, wo mögliche Problemfelder existieren und wie die Frage nach einer möglichen Verantwortung zu beurteilen ist.

Absichten und Motive des Kreditnehmers im Fokus

Wenn man es sehr vereinfacht darstellt, dann existieren drei Parteien, die sich im Kosmos der P2P-Kredite bewegen: Der Privatanleger, der Kreditnehmer und der Intermediär (Kreditgeber / P2P-Plattform).

Damit dieses System funktioniert, müssen mehrere Faktoren zusammenkommen. Die notwendige Voraussetzung ist und bleibt jedoch immer die Nachfrage von Seiten des Kreditnehmers, der sich auf der Suche nach einem Darlehen befindet. Ohne diesen Umstand würde das Modell von P2P-Krediten nicht funktionieren und auch nicht existieren.

Folgende Fragen könnten hierbei, im Hinblick auf eine moralische Bewertung unserer getätigten Investitionsentscheidung, gestellt werden:

- Warum und mit welcher Absicht hat der Kreditnehmer ein Darlehen bei einem Nichtbanken-Kreditgeber aufgenommen?
- Inwiefern haben die Umstände den Kreditnehmer dazu gezwungen, um auf genau jenes Angebot zurückzugreifen?

Die Absicht des Kreditnehmers spielt eine wesentliche Rolle, um daraus auch mögliche Verantwortungen für uns ableiten zu können.

Ein Beispiel: Sofern es sich um einen Kreditnehmer handelt, der einen Kredit sucht, um dadurch seinen Drang nach Konsum zu stillen, möchte ich ihn persönlich nicht bevormunden. Ich schätze den freien Willen als ein hohes Gut ein, wobei ich mich moralisch nicht darüber erheben möchte, ob eine Finanzierung auf Pump dabei auch das Mittel der Wahl sein muss. Jeder sollte diese Entscheidung für sich treffen. Unter diesen Umständen sehe ich daher auch keine Angriffsfläche im Hinblick auf ein unmoralisches Handeln. Jeder ist bekanntlich seines eigenes Glückes Schmied und soll das tun, was er oder sie für richtig hält.

Aber wie sieht es aus, wenn die Umstände einen Kreditnehmer dazu zwingen, auf das Angebot von Nichtbanken-Kreditgebern zurückzugreifen? Vielleicht, weil es kurzfristig zu einem Jobverlust kam, oder weil eine gewisse Misswirtschaft das Konto vorübergehend ins Dispo gedreht hat?

Wäre es moralisch verwerflich, diese Personen finanziell zu unterstützen? Ich denke nicht. Erst recht nicht, wenn noch berücksichtigt wird, dass zu diesem Zeitpunkt wohl auch keine staatlichen Transferleistungen aushelfen und auch keine Banken den kurzfristigen Liquiditätsbedarf decken können.

Wer zahlt am Ende die Rechnung?

Soll man mögliche Kreditnehmer lieber gleich in die Privatinsolvenz schicken oder ihnen die Möglichkeit bieten, sich mit einem Kredit etwas Luft zu verschaffen und die Situation zu bereinigen? Was wäre moralisch vertretbarer?

In diesem Buch wurde bereits darauf eingegangen, warum Kreditnehmer P2P-Kredite in Anspruch nehmen. Die Auswertung hat insbesondere zwei Aspekte sehr deutlich gemacht:

1) Kreditnehmer wollen in der Regel schnell über das Geld verfügen und ziehen daher schlanke und agile Fintechs den älteren und statischen Banken vor. Abgesehen davon, dass viele klassische Banken auch kaum ein Angebot für kleinere Kreditsummen herstellen wollen, da sich dieses Geschäft nicht rentiert.

2) Sehr viele Kreditnehmer sind Widerholungstäter. Das spricht wiederum sehr stark dafür, dass die von den Kreditgebern eingeschätzte Bonität als gut genug bewertet wird, um erneut einen Kredit auszustellen. Wäre das nicht der Fall, dann würde langfristig auch ein solches Geschäftsmodell nicht funktionieren.

Alles Abzocke?

Ein streitbares Thema wäre in diesem Zusammenhang noch die Zinshöhe und welche Verzinsung eigentlich als angemessen einzustufen wäre.

Nehmen wir hierfür die am höchsten verzinsten Kredite im P2P-Sektor, nämlich die im angelsächsischen Raum als Kurzzeitkredite bekannten PayDay Loans. Diese kennzeichnen sich insbesondere durch

- eine kleine Kreditsumme (meistens bis zu 500 Euro),
- eine kurzfristige Kreditlaufzeit (bis zu 30 Tage),
- dass diese unbesichert sind (keine zugrunde liegenden Sicherheiten die verpfändet werden könnten)
- sowie über einen extrem „hohen" Zinssatz verfügen.

PayDay Loans sind gewissermaßen der Teufel unter den „Ausbeuter-Krediten". Wer hier keine Abzocke riecht, der hat den Blick für die Realität scheinbar verloren. Aber schauen wir mal, wie teuer diese Kurzzeitkredite tatsächlich sind.

Nehmen wir als Beispiel einen effektiven Jahreszins von 400%. Das entspricht ungefähr dem aktuell durchschnittlichen Zinssatz für kurzfristig laufende Konsumkredite auf dem P2P-Marktplatz Mintos.

Bei einem Kreditnehmer, der ein Darlehen in Höhe von 500 Euro aufnimmt und nach 30 Tagen komplett zurückbezahlt, entstehen in diesem Beispiel Gebühren in Höhe von 164,38 Euro. In anderen Worten: Der Kreditnehmer muss ziemlich genau ein Drittel der ursprünglich geliehenen Geldsumme an Gebühren für das Darlehen zurückbezahlen. Das ist schon eine gute Stange Geld, keine Frage.

Aber ob diese Vergütung relativ betrachtet viel oder wenig ist, im Kontext der einzukalkulierenden Ausfallrisiken[117], steht auf einem anderen Blatt Papier.

Klar ist aber auch, dass die Zinsschraube nicht ewig lange festgezogen werden kann. Aus diesem Grund steht auch die staatliche Gesetzgebung in der Verantwortung, um einen Missbrauch durch Kredite mit Wucherzinsen zu verhindern und Verbraucher entsprechend davor zu schützen.

Wie im Abschnitt zum Zinssatzrisiko ausgeführt, besitzen aktuell 21 der 28 EU-Mitgliedsstaaten eine Art Zinssatzobergrenze für Kredite.[118] Dadurch soll ein unverhältnismäßiger Missbrauch eingeschränkt werden, ohne dabei zeitgleich einen wichtigen Nichtbanken-Sektor im Hinblick auf Unterfinanzierungen zu eliminieren.

Zusätzlich gibt es noch weitere Maßnahmen in den einzelnen Ländern, um durch Regulierungen eine stärkere Kontrolle auf diesen Bereich auszuüben. In Litauen, wo der maximal zulässige Zinssatz für Konsumentenkredite bei 75 Prozent p.a. liegt, gibt es für Kreditnehmer zum Beispiel auch ein einzuhaltendes Schulden-Einkommensverhältnis (engl.: debt-to-income ratio, kurz DIT), welches nicht mehr als 40 Prozent betragen darf.[119]

Das bedeutet, dass bei einem monatlichen Einkommen von 1.000 Euro die monatlichen Verbindlichkeiten (u.a. für Leasing, Kreditkarten, etc.) nicht mehr als 400 Euro betragen dürfen. Das monatliche Einkommen muss für die Kreditnehmer also mindestens 150 Prozent höher sein als die Verbindlichkeiten, um in der Folge weitere Schulden aufnehmen zu können.

Vielfalt und freie Entscheidungsgewalt

Je nachdem, wie man es sehen möchte, kann man am Ende sowohl Gründe für als auch gegen die ethische Vertretbarkeit beim Investieren in P2P-Kredite finden. Da hierbei nicht der Anspruch einer Deutungs- oder Meinungshoheit erhoben werden soll, ist meine persönliche Sichtweise – auch wenn diese indirekt wohl durchgekommen ist – für den Einzelnen eher unerheblich.

Wenn das Thema der Geldanlage mit P2P-Krediten nach der Lektüre dieses Buches als interessant genug erscheint, dann sollte sich jeder selbst versuchen, ein Bild von den Mechanismen hinter dem Kreditgeschäft zu befassen.

Und selbst wenn man am Ende zu dem Entschluss kommt, dass man nicht in unbesicherte Konsumkredite investieren möchte, so gibt es im P2P-Sektor noch eine ganze Reihe von unterschiedlichen Kreditarten, an denen man sich alternativ mit einem kleineren oder größeren Betrag beteiligen kann.

In erster Linie sind hierbei natürlich hypothekenbesicherte Immobiliendarlehen und Geschäftskredite für KMUs zu nennen.

Bonus

Egal ob Du Neueinsteiger oder alter Hase beim Investieren in P2P Kredite bist, im Bonus-Bereich habe ich für Privatanleger beider Kategorien ein paar hilfreiche Tools zusammengestellt, die Dich beim Investment-Erfolg unterstützen sollen.

Die meisten dieser Tools kann man sich online ansehen und herunterladen. Die Bonus-Seite findest Du auf meinem Blog unter folgendem Link:

► https://rethink-p2p.de/geldanlage-p2p-kredite/bonus/

1. Startguthaben und Cashback für Neuanmeldungen

Viele P2P Plattformen bieten Bonus-Programme für die Anmeldung neuer Investoren an, wodurch sich Anleger ein Startguthaben oder einen Cashback für getätigte Investitionen sichern können. Eine häufige Voraussetzung ist dabei, dass man sich über einen Affiliate-Link aus dem Netzwerk der Plattform anmeldet. Erst dann haben Anleger die Möglichkeit von einem individuellen Bonus zu profitieren.

Dadurch bekommst Du allerdings nicht nur Du einen Bonus, auch ich erhalte für die erfolgreiche Werbung neuer Investoren eine Rückvergütung, sodass Du damit auch direkt meine Arbeit unterstützen kannst. Die entsprechenden Links findest Du online auf der Bonus-Seite.

2. Kalkulationstool XIRR-Rendite

P2P Plattformen benutzen unterschiedliche Berechnungsmethoden, um die Verzinsung Deines angelegten Kapitals zu berechnen. Für einen einheitlichen Maßstab und dass Du auch selbst Deine Rendite nachkontrollieren kannst, empfiehlt sich die Formel des Internen Zinsfußes IZF (engl.: internal rate of return; kurz: IRR) zu verwenden. Der Vorteil gegenüber anderen Methoden liegt darin, dass der Interne Zinsfuß volumen- und zeitgewichtete Aspekte bei der Kalkulation der Rendite berücksichtigt.

3. Kalkulationstool Fremdkapitalhebel

Zu keinem Thema werde ich so häufig kontaktiert, wie zu meinem Fremdkapitalhebel bei P2P Krediten. Daher habe ich für diejenigen, die selbst ihre Eigenkapitalrendite durch Fremdkapitaleinsatz berechnen wollen, ein Excel-Kalkulationstool erstellt, inkl. Anleitung zur Berechnung.

4. Statistik-Auswertung bei Bondora

Kaum eine P2P Plattform wird so kontrovers diskutiert wie Bondora. Was man jedoch nicht verleugnen kann, ist die angebotene Transparenz und die Zugänglichkeit zu Kreditinformationen. Auf Basis derer habe ich im Februar 2019 eine umfassende Analyse meines Kreditportfolios via der Excel-Funktion PivotTable durchgeführt. Die Vorlage dafür kann heruntergeladen werden, um basierend darauf auch seine eigenen Auswertungen durchzuführen.

Support & Community

Du bist nicht allein. Wenn Du Fragen, Anregungen oder Kritik hast, kannst Du sowohl mit mir persönlich in den Austausch treten als auch mit einer immer größer werdenden P2P Kredite Community.

▶ **Facebook Community:**
https://www.facebook.com/groups/rethinkp2p

In der Facebook Community findest Du Hunderte von Gleichgesinnten Privatanlegern, mit denen Du Dich vernetzen und austauschen kannst.

▶ **Newsletter:** http://bit.ly/rethink-p2p-newsletter

Im meinem wöchentlich erscheinendem Newsletter gibt es regelmäßig die wichtigsten Inhalte kompakt für Dich zusammengefasst.

▶ **Telegram:** https://t.me/p2pkredite

Auf Telegram poste ich tagesaktuell die wichtigsten Neuigkeiten und Meldungen aus dem P2P-Kosmos.

▶ **Blog:** https://rethink-p2p.de

Auf meinem Blog, dem Herzstück von re:think P2P Kredite, gibt es wöchentlich neue Analysen und tiefgründiges Hintergrundwissen zur Geldanlage P2P Kredite.

▶ **E-Mail:** denny@rethink-p2p.de

Du hast ein Anliegen und möchtest mich dafür persönlich kontaktieren? Dann schreib mir gerne eine E-Mail.

Nachwort und Danksagung

Zum Abschluss möchte ich mich nochmal für zwei Dinge bei Dir bedanken. Als erstes dafür, dass Du mir das **VERTRAUEN** geschenkt und Dir dieses Buch gekauft hast. Es bedeutet mir wirklich sehr viel, schließlich ist es meine erste Veröffentlichung in dieser Größenordnung.

Meine Hoffnung ist, dass ich Dir durch dieses Buch neue Sichtweisen eröffnen und tiefgründiges Hintergrundwissen zur alternativen Kreditvergabe vermitteln konnte. Ebenso, dass die Tipps wertvolle Impulse für Deine weitere Anlagestrategie liefern konnten.

Ob ich Deine Erwartungen erfüllen konnte, erfahre ich allerdings nur durch Dein persönliches Feedback. Schreibe mir gerne eine Nachricht zum Buch an denny@rethink-p2p.de. Wenn Dir das Buch gefallen hat, freue ich mich auch über eine ehrliche Rezension von Dir auf Amazon. Rezensionen sind ein wichtiger Bestandteil bei Kaufentscheidungen und sehr wahrscheinlich hast auch Du eine Empfehlung bekommen, die Dich zum Kauf animiert hat. Als Dankeschön gibt es auch ein kleines Geschenk von mir.

Als zweites möchte ich Dir dafür danken, dass Du Dir auch die **ZEIT** genommen hast, dieses Buch zu lesen. Zeit ist für mich nicht nur ein wesentlicher Faktor bei meinen Anlageentscheidungen, es ist darüber hinaus auch die wichtigste Ressource in unserem Leben.

Dass Du Zeit dafür aufwendest, um Dich finanziell weiterzubilden, nötigt mir Respekt ab. Es ist nicht immer einfach, sich mit seinen Finanzen zu beschäftigen und gleichzeitig die richtigen Anlageentscheidungen für seinen Vermögensaufbau zu treffen. Dennoch ist es wichtig, sich damit auseinanderzusetzen, weil finanzielle Bildung der Schlüssel zu einem freien, unabhängigen und selbstbestimmten Leben ist.

Auf dem Weg zum Vermögensaufbau und zu finanzieller Unabhängigkeit haben mich viele Menschen und deren Ansichten inspiriert. Wenn ich es geschafft habe, Dich auf einem ähnlichen Weg ein Stück lang zu begleiten, hat sich der Aufwand für dieses Buch bereits gelohnt.

Ich wünsche Dir auf Deinem Weg alles Gute, Dein Denny

Über den Autor

Mein Name ist Neidhardt, Denny Neidhardt. Ich bin 29 Jahre jung, gebürtiger Berliner und abgesehen vom Intro habe ich nicht viel mit James Bond am Hut. Ich halte es eher mit Batman, aber das ist ein anderes Thema.

Die Umstände für dieses Buch sind auf zwei meiner größten Leidenschaften zurückzuführen, denen ich, neben dem Fußball und meiner wunderschönen italienischen Freundin, in den vergangenen Jahren die meiste Aufmerksamkeit geschenkt habe – dem Investieren und dem Veröffentlichen von Texten. Nichts lag daher näher, als beide Aspekte in diesem Buch zu vereinen.

Was das Veröffentlichen angeht, so fing ich schon als kleiner Junge an, Zeitungsartikel über unsere wöchentlichen Fußballspiele in der Jugend zu schreiben. So konnte ich mir ein paar Euro Taschengeld hinzuverdienen. Es folgten Praktika bei der lokalen Zeitungsredaktion und die Stelle als stellvertretender Chefredakteur bei der Schülerzeitung.

Das Highlight meines publizistischen Daseins war dann die Veröffentlichung meines eigenen Polit-Magazins, welches ich neben dem Studium als Chefredakteur und Verleger herausgebracht habe. Kurz nach dem Studium ging es dann für zwei Jahre nach England, wo ich im Vertrieb für ein Verlagshaus gearbeitet habe, welches Fachpublikationen in bundesweit erscheinenden Zeitungen veröffentlicht hat.

Das Investieren nahm besonders in den letzten Jahren einen immer größer werdenden Stellenwert bei mir ein. Mit dem ersten verdienten Geld stand bei mir die Frage im Raum, wie man dieses eigentlich anlegen sollte. Ein paar Jahre später bin ich Immobilieneigentümer, investiere in Aktien und habe eine nicht unbedeutende Position meines liquiden Vermögens in P2P-Kredite angelegt.

Meine Absicht mit diesem Buch war es, sowohl Neueinsteigern als auch Profi-Investoren reflektierte und tiefgründige Einblicke zur alternativen Kreditvergabe zu ermöglichen.

Impressum und Haftungsausschluss (Disclaimer)

Denny Neidhardt
Parkstraße 4
15738 Zeuthen

Alle Angaben und Daten in diesem Buch wurden nach bestem Wissen des Autors recherchiert und zusammengestellt. Eine Gewähr für die Vollständigkeit und Richtigkeit wird jedoch nicht übernommen.

Darüber hinaus dienen sämtliche Inhalte nur der Unterhaltung und Information des Lesers. Die im Buch vorgestellten Finanzprodukte stellen keine Anlageberatung dar und sind nicht als Aufforderung zum Kauf zu verstehen.

Investitionen in P2P-Kredite sind, ebenso wie andere Finanzinstrumente, mit teilweise erheblichen Risiken verbunden, die unter Umständen sogar bis zum Totalverlust des eingesetzten Kapitals führen können. Vor jeder Anlageentscheidung ist deshalb – gemeinsam mit geeigneten steuerlichen, juristischen und sonstigen Beratern – zu prüfen, inwieweit eine Investition der individuellen Risikotoleranz sowie den persönlichen und wirtschaftlichen Verhältnissen und Planungen entspricht.

Dementsprechend haftet der Autor weder für materielle und/oder immaterielle Schäden, die durch die Nutzung dieses Buches oder durch die Nutzung fehlerhafter und unvollständiger Inhalte verursacht werden bzw. wurden.

Anmerkungen

[1] https://www.zopa.com/about/our-story
[2] https://www.prosper.com/about
[3] https://eu.usatoday.com/story/money/2014/12/11/ipo-stocks-markets-tech-loans-/20241925/
[4] https://www.lendacademy.com/lendingclub-closing-down-their-platform-for-retail-investors/
[5] https://de.statista.com/outlook/dmo/fintech/alternative-lending/p2p-kreditmarktplatz-consumer/weltweit
[6] https://www.altfi.com/research/alternative-lending-state-of-the-market-report-2020
[7] https://www.bundesbank.de/de/statistiken/geld-und-kapitalmaerkte/zinssaetze-und-renditen/konsumentenkredite-an-private-haushalte-ratenkredite-615046
[8] https://rethink-p2p.de/p2p-kredite-mainstream/
[9] https://www.facebook.com/fruehstuecksfernsehen/videos/1077041809385261/
[10] https://www.finanzen.net/nachricht/aktien/Geldanlagen-Report-P2P-Lender-Lending-Club-in-Noeten-Kommt-die-Gier-der-Banken-der-Firma-zur-Hilfe-4909499?fbclid=IwAR2EomqW3yjagCY-RbP48c3QKgHhK9G3eyAdn_A6MxJwXHphCYlWmcGjbkQ
[11] https://rethink-p2p.de/wer-nimmt-p2p-kredite-auf-die-kreditnehmer-dahinter
[12] https://www.mckinsey.com/industries/financial-services/our-insights/remaking-the-bank-for-an-ecosystem-world
[13] https://www.iww.de/pp/archiv/basel-iii-hoehere-anforderungen-bei-der-kreditvergabe-f28410
[14] https://bahlconsult.com/was-ist-crd-iv-finanzmarktregulierung-einfach-erklaert-durch-bahlconsult-unabhaengige-unternehmensberatung/
[15] https:/rethink-p2p.de/hohe-p2p-zinsen-fuer-kreditnehmer-trotz-niedriger-leitzinsen/
[16] https://www.euro-area-statistics.org/bank-interest-rates-loans?cr=lva+esp+ltu+deu&lg=en&page=0&charts=M..B.A2B.F.R.A.2250.EUR.N+M..B.A2B.I.R.A.2250.EUR.N+M..B.A2B.I.R.A.2250.EUR.N&template=1
[17] http://statistika.eestipank.ee/?lng=en#listMenu/981/treeMenu/FINANTSSEKTOR/891/1010
[18] https://www.bondora.ee/bondorast/hinnakiri/

[19] https://rethink-p2p.de/bondora-geschaeftsbericht-2019/
[20] https://rethink-p2p.de/bondora-go-and-grow-erfahrungen/
[21] https://www.focus.de/finanzen/banken/kredit/tid-7922/onlinekredite_aid_138465.html
[22] https://www.auxmoney.com/infos/statistiken
[23] https://www.auxmoney.com/presse/auxmoney-bietet-firmenkredite-an/
[24] http://www.manager-magazin.de/finanzen/artikel/auxmoney-aegon-verleiht-1-5-milliarden-ueber-onlineplattform-a-1131832.html
[25] https://de.statista.com/outlook/dmo/fintech/alternative-lending/p2p-kreditmarktplatz-consumer/weltweit
[26] https://www.gesetze-im-internet.de/kredwg/__32.html
[27] https://www.euro-area-statistics.org/bank-interest-rates-loans?cr=lva+esp+ltu+deu&lg=en&page=0&charts=M..B.A2B.F.R.A.2250.EUR.N+M..B.A2B.I.R.A.2250.EUR.N+M..B.A2B.I.R.A.2250.EUR.N&template=1
[28] http://startupwiseguys.com/report/
[29] http://startupwiseguys.com/report/
[30] http://estonianworld.com/business/estonia-has-the-lowest-debt-to-gdp-ratio-in-the-eu/
[31] https://e-estonia.com/
[32] https://www.schengenvisainfo.com/news/estonias-e-residency-program-to-expand-in-20-more-countries-worldwide/
[33] https://news.err.ee/646254/deloitte-e-residency-brought-14-4-million-to-estonia-in-first-three-years
[34] https://rethink-p2p.de/interview-bondora-e-residency-reelika-virunurm/
[35] https://www.heritage.org/index/ranking
[36] https://www.startupvalley.news/de/lettland-fuer-neue-unternehmen/
[37] https://www.inc.com/yeho-lucy-hwang/inc-5000-europe-2017-top-10-cities.html
[38] https://www.eu-startups.com/2016/11/latvia-launches-an-innovative-startup-law-and-startup-tax/
[39] https://www.lb.lt/en/news/the-bank-of-lithuania-to-launch-blockchain-sandbox-platform-service
[40] https://www.baltictimes.com/lithuania_s_elektromarkt_to_engage_in_cryptocurrency_mining_-_daily/
[41] https://assets.kpmg.com/content/dam/kpmg/xx/pdf/2018/07/h1-2018-pulse-of-fintech.pdf

[42] https://www.ccn.com/lithuanias-central-bank-investigates-100-million-euro-bankera-ico/
[43] https://www.neofinance.com/en/statistics
[44] https://estateguru.co/portal/home/statistics?lang=de
[45] https://viasmsgroup.com/investor-relations
[46] https://support.bondora.com/de/-berblick-ber-inkasso-und-r-ckgewinnungsverfahren
[47] https://www.lendacademy.com/how-much-diversification-is-enough/
[48] https://www.lendacademy.com/how-much-diversification-is-enough/
[49] https://viainvest.com/blog/wp-content/uploads/2019/01/VIAINVEST_investor_survey_2018_PUBLIC.pdf
[50] https://rethink-p2p.de/was-der-zerfall-von-finko-ueber-mintos-offenbart/
[51] https://www.mintos.com/blog/finko-groups-2019-financial-results-and-business-update/
[52] https://www.mintos.com/blog/varks-commits-to-a-repayment-timeline-to-cover-outstanding-payments/
[53] https://rethink-p2p.de/fintech-inn-litauen/
[54] https://rethink-p2p.de/interview-zentralbank-litauen/
[55] https://rethink-p2p.de/p2p-kredite-regulierung-2021/
[56] https://www.fktk.lv/en/
[57] https://www.finextra.com/newsarticle/27991/p2p-lender-trustbuddy-shuts-up-shop-over-financial-irregularities
[58] https://de.wikipedia.org/wiki/Zahlungsdiensterichtlinie
[59] https://rethink-p2p.de/mintos-varks/
[60] https://geopeeker.com/
[61] https://www.locabrowser.com/
[62] https://rethink-p2p.de/mintos-rote-linie/
[63] https://rethink-p2p.de/p2p-kredite-regulierung-2021/
[64] https://cora.ucc.ie/handle/10468/7172
[65] https://support.bondora.com/en/what-is-the-state-of-the-consumer-lending-market-in-finland
[66] https://cora.ucc.ie/handle/10468/7172
[67] https://lvportals.lv/skaidrojumi/297905-ar-likumu-ierobezos-atro-kreditu-devejus-2018
[68] https://cns.omxgroup.com/cdsPublic/viewDisclosure.action?disclosureId=860337&messageId=1082476
[69] https://rethink-p2p.de/bondora-go-and-grow-erfahrungen/
[70] https://www.twino.eu/de/about/financials/

[71] https://youtu.be/LgiHYNVWmKc
[72] https://de.wikipedia.org/wiki/Konjunktur
[73] https://www.lendingmemo.com/p2p-lending-recession-performance/
[74] https://investorjunkie.com/peer-to-peer-lending/peertopeer-investing-recession/
[75] https://www.reuters.com/article/us-lendingclub-results-idUSKCN0Y01BK
[76] https://www.neofinance.com/en/news/185/neo-finance-would-maintain-positive-cash-flows-and-operate-profitably-even-in-the-case-of-economic-downturn
[77] https://rethink-p2p.de/p2p-stress-test/
[78] https://www.ft.com/content/a58f329e-c819-11e9-af46-b09e8bfe60c0
[79] https://rethink-p2p.de/p2p-plattformen-vergleich/
[80] https://www.p2pfinancenews.co.uk/2018/04/03/collateral-administration-stalls-as-fca-seeks-to-appoint-own-administrator/
[81] https://www.bdo.co.uk/en-gb/collateral-companies-in-liquidation-investor-information
[82] https://www.ft.com/content/8342ca10-71a2-11e5-ad6d-f4ed76f0900a
[83] https://moneyweek.com/413611/trustbuddy-breaks-trust
[84] https://www.telegraph.co.uk/finance/newsbysector/banksandfinance/12109898/Peer-to-peer-firm-tells-lenders-they-will-lose-a-quarter-of-their-cash.html
[85] https://www.altfi.com/article/5412_fca-confirms-p2p-rules-investments-10-cap-lendy
[86] https://www.altfi.com/article/6001_p2p-lending-crackdown-a-watershed-moment-says-ratesetter-ceo
[87] https://www.facebook.com/groups/rethinkp2p
[88] https://peerberry.com/blog/peerberry-survey-regulation-is-the-key-for-the-future-of-p2p/
[89] https://www.cnbc.com/2021/05/01/this-is-the-special-lesson-warren-buffett-gave-new-stock-investors-at-his-annual-meeting.html#:~:text=The%20top%20companies%20in%201989,Saudi%20Aramco%2C%20Microsoft%20and%20Amazon
[90] https://noviti.lt/lt/paskola-verslui-konsultantas/invegos-priemone-alternatyva
[91] https://www.sueddeutsche.de/wirtschaft/verbraucher-kredite-tausende-verbraucher-beantragen-zahlungsaufschub-dpa.urn-newsml-dpa-com-20090101-200411-99-667284
[92] https://www.tagesschau.de/wirtschaft/zahlungsaufschub-101.html

[93] https://rethink-p2p.de/p2p-kredite-erfahrungen/
[94] https://www.ft.com/content/3bbe3600-bdc2-11e4-9d09-00144feab7de
[95] https://www.p2p-banking.com/countries/baltic-isepankur-rebrands-as-bondora-raised-1-3m/
[96] https://www.bondora.com/de/public-statistics
[97] https://www.mintos.com/de/uber-uns/uber-uns/
[98] https://info.ur.gov.lv/#/legal-entity/40103902690
[99] https://info.ur.gov.lv/#/legal-entity/40103684497
[100] https://rethink-p2p.de/mintos-finanzen-geschaeftsbericht-2019/
[101] https://rethink-p2p.de/mintos-finanzen-geschaeftsbericht-2019/
[102] https://rethink-p2p.de/mintos-problem-kreditgeber
[103] https://rethink-p2p.de/was-der-zerfall-von-finko-ueber-mintos-offenbart/
[104] https://estateguru.co/portal/home/statistics?lang=de
[105] https://estateguru.co/wp-content/uploads/2020/07/EGAR_2019_ENG_001.pdf
[106] https://estateguru.co/de/price-list/
[107] https://rethink-p2p.de/estateguru-wachstum/
[108] https://viasmsgroup.com/
[109] https://rethink-p2p.de/viainvest-deep-dive/
[110] https://blog.twino.eu/de/twino-gruppe-hat-darlehen-in-hoehe-von-1-milliarde-euro-gewaehrt/
[111] https://www.linkedin.com/in/armandsbroks/
[112] https://www.twino.eu/de/about/financials/
[113] https://rethink-p2p.de/twino-erfahrungen-2020/
[114] https://rethink-p2p.de/twino-deep-dive/
[115] http://www.leitzinsen.info/eurozone.htm
[116] https://link.springer.com/article/10.1007/s40685-014-0015-7
[117] https://rethink-p2p.de/payday-loans-kurzzeitkredite/
[118] https://cora.ucc.ie/handle/10468/7172
[119] https://www.lb.lt/en/events/the-bank-of-lithuania-approved-regulations-for-responsible-lending

Made in United States
North Haven, CT
10 November 2026

22084534R00095